信仰生活ガイド

祈りのレッスン

柳下明子［編］

日本キリスト教団出版局

「信仰生活ガイド」は、月刊誌『信徒の友』に掲載された記事をまとめなおし、キリスト教信仰の「入門書」また「再入門書」として、書籍化するシリーズです。

はじめに

柳下明子《やなしたあきこ》

祈ることはキリスト者にとって呼吸である、ということを本書の中では複数の著者が記しておられます。そうであるならば、本書のテーマである「祈りのレッスン」とは呼吸のレッスンということになり、その表現は不思議な感じがします。

そもそもこの世に生を受けたものが習い覚えなくともできる呼吸を、わざわざ学ぶことなど必要でしょうか。

けれども考えてみれば、人は時に普通に呼吸していても息が苦しい状態に陥ることがあります。息苦しくて寝付けないような時もあります。痛みを我慢しなければならない場合もあります。そんな折にわたしたちを助けてくれる、呼吸の仕方は確かに存在し、それを知っていることは時に助けになることでもあります。

ゆっくり深く息を吸うことで、程よい濃度の酸素を身体に取り込むことができます。吐く息を長くすることで、リラックスすることができます。リズミカルに短く吸うのと吐くのを繰り返すことで、感じる痛みを逃すことができます。そんな風に呼吸の仕方を学び、意識して呼吸することは、わたしたちの生活の場面でむしろ必要なことなのでしょう。

キリスト者にとっての祈りも同じです。神の息である霊を身体に吸い込むこと、そして自分の思いを神に向けて呼びかけることは、たしかにキリスト者として生きる時、無意識にしている呼吸のような行為です。祈ることには定まった作法や所作、用いるべき言葉があるわけではありません。どんな風に祈っても構いません。

しかし、それにもかかわらず「どのように祈るべきかわかりません」とか「祈ることができません」という思いに、わたしたちがとらわれることがあります。祈れなくなること、祈り方がわからなくなることが、確かにわたしたちにはあるのです。その時のために、キリスト者の呼吸法を習っておくことは、一人ひとりの信仰生活にとってとても大切な事柄だと言えるのです。

わたし自身も祈りのレッスンによって、祈ることを育てられ、助けられてきたものです。わたしにとって忘れられない祈りのレッスンがあります。それは初めてパートナーのご両親にあいさつに伺った時のことです。

パートナーのお父様は先輩牧師でおられましたが、彼は複数の教会を兼牧し、教会付属施設の運営に関して大きな決断を下さなければならなかった四十代から五十代の牧師生活の中で、心身共に疲れ切ってしまった経験をお持ちでした。「霊的に渇いてしまった」と彼が表現するその状態からなお、牧師としての働きを継続する霊性をもとめて、彼は坐禅に学びながら、キリスト教的瞑想を実践するようになっておられました。毎朝決まった時間に、お気に入りの香を焚きながら瞑想の時を持つ、というのはその頃彼の日課となっているものでした。

ごあいさつに伺ったわたしにも、その時間を共有することを勧められて、生まれて初めて瞑想の時間を経験することになったわたしはずいぶん戸惑ったものでした。わたしにとってそれまで実践したことのなかったキリスト教的瞑想の初めての経験は、霊的に満たされるという実感を得るよりは、違和感の方が大きかったような気がします。

自分の育ってきた伝統とは異なるものに出会った時のその印象は、しかしながら、その後繰り返しその経験を積むことで変わっていきました。ある時、自分でもある集中を経験できるようになります。これはわたしにとって、今まで知らなかった祈りの扉を開かれる体験となりました。現在では「霊的に渇いてしまった」とわたしが感じる時には、ある手順をふんで瞑想をすることによって、心や体が平安になるということをよく理解するようになりました。こうしてわたしは新しい祈りの仕方と出会い、それを学び、それによって育てられることになりました。

祈りのレッスンは祈ること、わたしたちが祈るものとして生きることを助けてくれます。本書は、祈りについて多様な角度から学ぶ機会を提供してくれます。祈りにはどのような要素があるのか、祈りの向かう先や内容から祈りはどのように分類されるのか、礼拝における祈りにはその順序の中で固有の役割を当てられていること、公同の祈りとは何か、わたしたちが主イエスご自身から受け継いでいる主の祈りを祈ることはわたしたちに何をもたらしてくれるのか……。本書を通してわたしたちは、自分が祈ることの意味を深く知り、今までの理解を変えられ、また新たな祈りの在り方に開かれていくことでしょう。

それはわたしたちがキリスト者としてある限り、それぞれが呼吸し続けていくための手がかりとなります。本書とお出会いになったみなさんの祈りのレッスンが豊かなものになりますように。

（日本基督教団 番町教会牧師、日本聖書神学校教授）

目次

目　次

教会での祈り

目　次

聖霊と祈り

＊本書の引用する聖書は、基本的に『聖書　新共同訳』（日本聖書協会）に準拠しています。
＊それぞれの文章の最後に『信徒の友』の掲載号が示されています。

装丁・ロゴスデザイン　長尾　優

祈りとは　1

祈りはキリスト者の呼吸であり息吹である

深田未来生《ふかだみきお》

祈りはキリスト者の呼吸であり、息吹であると言われてきました。「祈りはキリスト者のふるさとの調べ」という詩的表現も有名です。

呼吸が止まれば肉体は死に瀕するように、祈りが絶えた時私たちの信仰は生命を失うことになります。あるいは詩人ジェームス・モントゴメリーのいう「ふるさとの調べ」としての祈りが止まる時、私たちは帰り行く場所や人を見失うことになると言えます。

祈りには相手がある

祈りには必ず対象（相手）があります。深い意味で独り言は祈りではありません。キリスト教信仰の生活における祈りは、はっきりと神の存在を信じて、その神との関係を求めて語り、また聞く行動であり姿勢なのです。その多くはことばを用いますが、「私と神さま」という関係を前提とすると当然沈黙を通しての祈りも真実な祈りになります。

私たちは信仰をもって生きようとする中で、さまざまな体験をし、いろいろな状況に直面して泣き、叫び、笑い、そして独り言やつぶやきを発します。生きる人間の自然な一部です。しかし、それが神との意識した関係でのものでなければ「祈りのような」もの、とは言えても祈りではありません。つぶやきですら、もしそれが私と神さまとの関係でのつぶやきならば、それは祈りになりえます。

「ぼやき」は興味深いことばです。ぶつぶつと不平を言うことですから、私たちが考える祈りとはほど遠いものに思えます。しかしヨブ記を読んでいますと、時折ヨブのことばは「ぼやき」の他なにものでもありません。それでいて、そこには祈りの姿がうっすらと見えてきます。なぜでしょう。

友人たちが慰めようとしても受けつけず、励ましてもヨブは答えられません。斜《しゃ》に構えて沈黙の内にぼやくヨブに、神は激しい調子で「答えるがよい」と迫ります。

私はここでヨブが姿勢を組み替えて神と真正面から向かい合う姿を見ます。そしてこのヨブと神の「やりとり」に、祈りの一つの形を見ることができます。それはすべてを貫いて最後には神は答えてくださる、否、「私には立ちかえるところがある」というヨブの心の奥底に宿る神への信頼が見られるからです。

祈りには相手があると言いました。キリスト者にとってその相手はイエス・キリストの神なのです。この点が大切です。そのキリストをどう理解しているか。どのように信じているのかに関してはいろいろあるでしょう。信仰や信頼の念が必ずしも確固としたものではない人がいたりします。

「あなたが祈りの相手としている神さまはどういう存在ですか」と問われれば、さまざまな答えが返ってくるかもしれません。私はその内容とか質を、今問うているのではありません。私たちの祈りにはその祈りが向けられる対象があるということ、それはイエスが祈られた時の「天の父なる神さま」なのだということを言いたいのです。

祈り集に学ぶ

私は「祈り集」を大切にします。それに頼るのではなく、私が捧げたい祈りがより適切になり豊かになるからです。人のことばを、私自身の祈りとして捧げることもあります。しかし、それ以上に人の祈りを通して祈りがもつ連帯の力を痛感し、見ず知らずの人の祈りを「食べる」ように読みながら祈ると、不思議な輪の広がりを見る思いがします。それは支えの輪であり、また喜びを共有する輪であり、人生の旅路を前進するための輪にもなります。

ただし、私は人生を通し祈祷集に馴染んできたとは言えません。どちらかというと典型的な日本キリスト教団の教会で育ちました。そこでは、祈りは自由祈祷が中心でした。その後一〇年ほど、アメリカでいろいろな教会に参加していました。それは神学校へ行っていた期間も含んでいます。その中で「祈り」を考え、また読む機会をえました。

そして祈りが信仰に欠かすことのできないもの、すなわち呼吸のようなものであることを学びました。それはけっして一人の人間の力によって左右されるものではなく、自分を越えた力が内に働いて、初めて神さまの語りかけを聞いて受けとめ、またそれに答えることができるものだと信じられるようになりました。

私的な祈り、公的な祈り

祈りには私的な側面と公的な側面があります。私はいつもイエスの「祈るときは、奥まった自分の部屋に入って戸を閉め、隠れたところにおられるあなたの父に祈りなさい」（マタイ6・6）という教えを、忘れないようにしています。公の場で祈ることが多い牧師の一人として、祈りがパフォーマンス化される危険への戒めとしてです。

私が十七歳の時でした。アルバイトをして夏を過ごしていたロサンゼルスで、賀川豊彦先生と同じホテルに泊まったことがありました。賀川先生が旅立たれる日、朝早く私も見送りのため五時に起きました。先生の部屋の前を通ると、ほんのわずかにドアが開いていて、奥のベッドの横で、賀川先生がひざまずいて祈っている姿が見えました。

私は何か見てはいけないものを見てしまった、という不思議な気持ちと共に、深い感動を憶えました。まだ何もろくにわかっていなかった私でしたが、見慣れていた公共の場で語る賀川先生の、力の源泉を見たように思えたのです。

私たちは、静かに一人で正直に神さまに向かい、耳を傾け、そして神さまに語りたいものです。しかしまた、私たちは共に生かされ、生きている人間としてお互いのために、私たちの住む地域や社会のために、世界のために祈ります。

戸を閉めて祈りなさいと言われたイエスですが、同時にこう祈りなさいと教えられた祈りは集団（共同体）の祈りです。「わたしたちの父よ」「わたしたちに必要な糧を」「わたしたちの負い目を」と他者と共に祈ることを教えられました。「主の祈り」です。

共に神さまの前に自らをさらけ出して許しを乞い、他者のために祈ることはキリストのからだとしての教会を生かしめる呼吸なのです。あえて私的、公的と分けるのはあまり適切ではないかもしれませんが、教会での祈りは公的なものです。共に祈る時、私的なもの、公的なものの違いはだんだん薄れていきます。

神の前に心を開いて

私たちは時折、雄弁な祈りを聞き心を打たれます。しかし祈りと雄弁さは無関係です。

ニーバーの祈り（Serenity Prayer）

神よ、
変えることのできるものについて、
それを変えるだけの勇気を
われらに与えたまえ。
変えることのできないものについては、
それを受けいれるだけの冷静さを
与えたまえ。
そして、
変えることのできるものと、
変えることのできないものとを、
識別する知恵を与えたまえ。

（大木英夫訳）

雄弁に祈る人は、時に自分のことばに酔い、人々と共にまっすぐ神さまと向きあうことができなくなります。
　また祈りは自分のあるがままの姿をもって神さまに聞き、語ることですから、格好のいい面だけでは本物ではありません。いくら神さまはすべてをご存じですと信じ、そう告白していても自分の姿の全体を見てとる勇気なしに、心からの祈りはなりたちません。その勇気がない時には神さまにその勇気を求めたいものです。
　最近手にした祈り集の中に、あまり格好のよくない人の姿を見いだしました。「神様、疲れました……ため息の日々が続いています」と祈りは始まるのです。弱っている人です。その中で自分を神さまにさらけ出して力を求めています。そしてその祈りは「あなたがこのような私達を愛してくださっていることを知り勇気がわいてきます」と終わります。神さまへの賛美です。

祈りは、私たちが時折求めたくなるような万能薬ではありません。祈りは、背中をまるめて息を殺すように生きていた自分を神さまの前に立たせ、背をのばし深呼吸し、「神さま、あなたがくださったこの生命をちゃんと見て、何とかあなたの求められる生き方ができるようにしてください」ともう一度願い訴える、深く人間的でありながら、また深く宗教的な行為なのです。

「主の祈り」に加えて聖フランチェスコや神学者ラインホールド・ニーバーの有名な祈りに、私たち自身の祈りが豊かにされるのを体験してきました。その中で私たちは、神の前に心を開いて耳をそばだて、正直に自分の「ことば」で神に語りかけられるようになります。祈りの原点がここにあるのです。

（一九九五年七月号。掲載時、同志社大学教授。二〇二二年逝去）

祈りとは　2

祈りは呼びかけから始まる　祈りの要素について

山崎英穂《やまざきひでお》

祈りの命にふれる

人間はなぜ祈るのでしょうか。
人生は苦難や悲嘆に満ち、私たちの魂は貧しく、飢え渇いています（マタイ5・3〜10）。
しかし、このような苦しみや悲しみが祈りへの道となるのです。魂の飢えと渇きの中で、
祈りへと導かれるのです。

それだけではありません。神はみ言葉をもって私たちに近づいてくださいました。このみ言葉に対する応答として、私たちは祈り始めるのです。イエスは「戸を閉め、隠れたところにおられるあなたの父に祈りなさい」（同6・6）と言われました。

さらに、「神は私たちが自分から進んで秘密を話すよう待っておられる」と言った人がいますが、神は私たちの心の扉をたたきながら、祈ることを待っておられるのです（黙示録3・20）。

祈りとは神と私との秘密の世界です。他のだれも介入できないプライベートな秘密の世界として、真実の対話、交わりなのです。神とのロマンスと言った人もいます。自分の心を神に打ち明けて私の心を知っていただくのです。また、神のみ心を知るようになるという信仰と祈りのロマンスがあるのです。しかも、世界から隔てられた密室のもっとも隠れた祈りは、不思議にも個人を越えて連帯の祈りとなります。だから、「世界を包む祈り」とも言われるのです。

祈りは呼びかけから始まります。イエスは神を「父よ」と呼びかけられました（ルカ11・2、なおマタイ6・9参照）。むしろ「アッバ」と言われたのです（マルコ14・36）。これは幼子が親しみをこめて「パパ」と呼ぶような響きをもっています。それだけでなく神の子とする霊によって、私たちも「アッバ」と呼ぶことがゆるされていると言われています（ローマ8・15、ガラテヤ4・6）。

超越的な神を最も近い方として、「アッバ」と呼ぶことがゆるされている。ここに驚くべき祈りの恵みと幸いがあります。難しい祈りはできなくても、まず親しく「父よ」と呼びかけることによって、祈りは成立します。むしろ私たちが呼びかける前に、神が先に呼びかけてくださっていたことを知るのです。ここに祈りの根拠があります。

しかし生来の私たちはどのように祈ってよいかわかりません。だから聖書から学ぶほかないのです。聖書は祈りの宝庫です。とくに詩編は「祈りへの道」と言った人がいます。またイエスは弟子たちに「祈るときには、こう言いなさい」と言って「主の祈り」を教えられました（ルカ11・1～4）。私たちは教えられなければ自分から祈ることはできません。「主の祈り」によって、私たちは何をどのように祈るべきかを学ぶことができるのです。

さらに宗教改革者をはじめとして、先人の祈りを学ぶことも意味がありますが、何よりも身近な人の実際の祈りを聞き、祈りの命にふれることが大切です。

共同の祈りの要素

さて私の学生時代、教科書の一つに、レイモンド・アバ著『礼拝――その本質と実際』という本がありました。今も時々読んでいますが、ただ著者は英国の教会の牧師で、典礼を重んじる長い歴史的伝統が背景にありますので、形式にとらわれない私たちには戸惑いもありますが、学ぶ点も少なくありません。

その中で、礼拝における共同の祈りの型として、次の九つをあげています。①「崇敬」、②「祈願」、③「ざんげ」、④「感謝」、⑤「嘆願」、⑥「とりなし」、⑦「信仰をもって死んだ者の記念」、⑧「証示」（聖霊を求める祈り）、⑨「奉献」です。

このように礼拝の中で捧げられる共同の祈りは、豊かなものであることが示されています。これはまた私たちの密室の祈りにも通じるのです。

とかく私たちの祈りは自分勝手なものになりがちです。場合によっては、お願いだけで終わってしまうこともあります。それだけで十分に祈りであることに違いはありませんし、願い求めることを神は喜んでくださいます。しかし祈りはもっと豊かなものです。祈りの要素、型、形態、内容は一つではなく、多様で豊かなのです。これらの多様な要素を通して、神と対話し交わり、祈りの豊かさと喜びを経験したいものです。

先に引用した祈りの九つの型や要素を、いくつかにまとめることができます。

崇敬は「**賛美**」と言い換えることができます。聖書では繰り返して神がほめたたえられるよう呼びかけられています（詩編103編など多数）。賛美は生ける創造主なる神に対する、無に等しい私たち人間の無条件の応答で、栄光を偉大なる主に帰することです。そして賛美することによって、魂は天の至福に包まれるのです。

「**感謝**」は「いつも、あらゆることについて」（エフェソ5・20）と勧められています。私たちの現実は感謝できないような苦難や悲嘆で満ちています。しかし感謝できることは無数にあるのです。古くより聖餐式は感謝を意味する「ユーカリスト」と呼ばれてきました。十字架による和解と罪の赦しにあずかる主の晩餐の祈りは、感謝の極みなのです。祈りが感謝から始まる時、さらに感謝が深まります。

「**ざんげ**」はおかした罪を告白して赦しを願うことです。神は私たちの罪をよくご存じで、だから十字架において罪を赦してくださったのです。これに応じて私たちは罪を告白しないではおれません。ある詩人は黙っていた時は苦しんでいたが、自分の罪を主の前に告白した時、赦されて自由にされたと告白しています（詩編32・3〜5）。罪を告白しざんげする時、主は祝福し、新生の喜びに満たしてくださるのです（ルカ18・13〜14）。

「**嘆願**」は自分の願いや求めを神に知っていただくことです。神は私たちのことはすべてご存じなのですが、嘆願することによって、神はすでにご存じであったことを知るのです。「何事につけ、感謝を込めて祈りと願いをささげ、求めているものを神に打ち明けなさい」（フィリピ4・6）とあります。どんなに小さなことでも願っていいのです。聞いてくださるかどうかは神のご判断です。ただ祈りの中で神と交わって、私たちにとって最も必要なものを与えてくださることを知るのです（ルカ11・13、Ⅱコリント12・9）。

「**執り成し**」は神と世界の間に立って、仲介をすることです。ソドムのためのアブラハムの執り成しは有名です（創世記18・16〜33）。さらに新約聖書において驚くべきことは、聖霊とイエスによって執り成しがなされていることです（ローマ8・26〜27、34）。私たちはこの執り成しに支えられながら、私たちも執り成しの輪に参加します。教会と社会と世界のため、隣人のために祈り（ローマ15・30）、互いに祈りと愛の包囲網の中に存在している喜びを知るのです。

礼拝や祈りの最後は「**アーメン**」でしめくくられます。共に祈ってアーメンと唱和する時、本当に聖霊が働き、心が燃やされているという経験をするものです。アーメンには、真実です、確かですという意味があります。しかし人間が真実とし確かとするというのではありません。「アーメンである方」（黙示録3・14）が祈りの中に現在してくださり、この方の名において祈ることによって、アーメンが成就し、然りが実現するのです（Ⅱコリント1・18～20）。

祈りの不思議

共同の祈りとしての礼拝は、このように多様な要素や形態、豊かな内容から成っています。私たちが礼拝に参加するということは、このような多様で豊かな祈りの輪に加わるということです。そして私たちの個人としての祈りは、この礼拝から出発して導かれ、祈りの豊かさと深さが養われ、さらに共同の祈りへとつながります。

なお言葉にならない祈りもあります。沈黙のうちに神のそばにいることも祈りなのです。

最近、百三歳で召された姉妹は、かつて教会の長老として恩寵の信仰に生き、神様はちりに等しい者をただ御憐れみによって主のものとしてくださいました。私はまことに罪人にすぎません。主が支えてくださらないなら私は亡びるほかありません。主よいつまでも私のそばを離れないでください。と切なる祈りを捧げてこられました。

しかし最後は病のために痛々しく、昏睡状態でもう祈ることもできなくなられました。しかし主がそばにいまして、無力と苦しみの中でその人の存在そのものが祈りとなって、私たちの教会を支えてくださっていることを、祈りの中でひしひしと感じたのです。

祈りは神の恵みです。祈りは不思議なものです。かつて厳しい苦しみの中にある方が「苦しみが喜びに変えられるんです。その秘密は祈りなのです」と言われ、真実な祈りの力に触れる思いをしました。私たちも人の思いを越えた祈りの世界、秘密の恵みの世界に導かれ、困難な人生を信仰と希望と愛のうちに歩み、死を越えて復活の命に生かされたいものです。

（二〇〇三年十一月号。掲載時、日本基督教団塚口教会牧師。現在、隠退教師）

祈りとは　3

祈ることの本質を考える

佐《さ》古《こ》純《じゅん》一郎《いちろう》

私に与えられている課題は「祈りの本質」ということであるが、はたして今から述べることが、「祈り」という行為の本質などということができるのかどうか、自分でも大変おぼつかない気持ちである。

「祈り」は、もちろん私たちキリスト教徒だけの行為ではない。「祈り」という行為のない宗教はないといってよいのかもしれないが、私自身が生まれて育った浄土真宗のことを反省してみると、はたして「祈り」という行為があるといえるかどうか。

もっと具体的にいってみると、「念仏」を「祈り」ということができるかどうか、少なくとも、私たちキリスト教徒の「祈り」という行為と同じ意味においては「念仏」を「祈り」ということはできない、と私自身は考える。いまここで考えようとすることは、どこまでも、一人のキリスト者としての自分の「祈り」という行為の本質についての省察なのだということを、はじめにことわっておきたいと思う。

祈りは神との対話

最初にはっきりと自覚しておきたいことは、「祈り」は私自身の単なる「独り言」ではなくて、対話であるということである。そうすると、いったい「誰」と「誰」との対話なのか、ということになるが、いうまでもなく「神」と「私」との対話である。

このことはきわめて大切なことであって、「祈りは神との対話である」といいながら、はたして、ほんとうに自分の「祈り」が神との対話になっているかどうか、それは他人ごとでなく、私自身の反省として深く考えさせられることである。

もちろん、言葉としては、誰しも祈りのはじめには、「天にましますよ」という呼びかけをもって祈りをはじめるであろう。しかしそのとき、「天にまします神」が、ほんとうにリアルにこの私の心に実在として感じられているだろうか。

私は洗礼を受けてから今年はちょうど五〇年になるのだが、ある時期「天」ということについて、ほんとうに苦しんだことがあった。

簡単に「天」というけれども、いったいその「天」とはどこにあるのか、「天国」などという世界がほんとうに実在するのだろうか、ということが、深刻な疑問として私の心につきつけられたのである。しかしそのことは浄土真宗の「西方浄土」ということにしてもまったく同じことであろう。

それなら、五〇年の信仰生活を経た今日、現在そのことは私の心の中にもはやまったく疑問なく信じられているのか、と反省するとき、必ずしも「然り」といいきれないものが、まだ私の心の中にあることを否定できないのである。それでもお前は牧師か、といわれるかもしれないが、なんとも致しかたのないことである。

「祈り」ということから、問題を他に移してはいけないのだが、いうまでもなく、「信仰」ということと切りはなして、私たちの「祈り」という行為はなりたたない。

いま私は、あらためて「信仰とは？」などと論じるつもりはないが、創造主にいましたもう神が、私たちの世界に賜った「独り子」でありたもう「イエス」を、心の底から、この私の命を滅びから救ってくださる「救い主」（メシア）として信じて受けいれることだ、といってよいであろう。

そのことを、少しちがった形で表現するなら、イエスのみ名に対する心の底からの信仰のことといってよいだろう。『祈りの本質』という与えられている課題に対するそれが私の答えである。

このことを、私たちの「祈り」に即してもう少し具体的に考えてみると、すぐに気づくことがある。それは私たちの「祈り」が、つねにどのように結ばれるかを考えればよいと思う。それがどのような「祈り」であろうとも、必ず「主イエスのみ名によって」とか「イエス・キリストさまのみ名をとおして」ということばなくして結ばれる祈りはありえないであろう。

私に何をしてほしいのか

福音書を読んでいて思うことであるが、イエスはしばしば「私に何をしてほしいのか」と人々に問いかけてくださっていることに気がつくであろう。私たちは、今日も主でありたもうイエスが、「私に何をしてほしいのか」と問いかけてくださっていることに耳を傾けなければならない。

この問いかけを聞いて、はたして打てばひびくように、「主よ、このようになさってください」とお願いすることができるのだろうか。祈りがきかれるとか、祈ったけれどもきかれなかった、などということが多いのであるが、今日も、「私に何をしてほしいのか」と問いかけてくださる主イエスのご臨在にしっかりと信仰の目を開きたい、と私は自分自身のことがらとして想うのである。

私たちはしばしば「証し」という信仰的行為をすることがある。キリスト教の教派によっては、とくに信徒の「証し」を重く考え、礼拝の後などに「証しの時」を必ず持つ教会もけっして少なくないであろう。そのような「証し」を聞いて感じさせられることは、自分の祈りがどのように聞かれたか、ということが告白されているということである。

私自身もそのような「証し」をすることが少なくないのだが、それは自分の信仰生活を誇るということではなくて、神が主イエスをとおして、この私という存在をとおして、どのようにご栄光をあらわしてくださったか、ということを文字どおり証しすることにほかならない。

「神を信じなさい。はっきり言っておく。だれでもこの山に向かい、『立ち上がって、海に飛び込め』と言い、少しも疑わず、自分の言うとおりになると信じるならば、そのとおりになる」

これはマルコによる福音書11章22節から23節のみことばであるが、私は、祈りの本質はこのイエスのみことばに尽きると信じている。このようなみことばを読むと、すぐに私たちは、「そんなことはありえない」という想いにとらわれるのではないだろうか。山が海に飛び込むなどということは、どう考えても絶対にありえない、そのようなことは信じられない、私たちはどうしてもそう考えざるをえないのである。

少しく説明を必要とするのだが、山が海に飛び込む、ということは当時のユダヤの世界では、不可能に近いことをいう場合に慣用句のように使われていたことばなのである。イエスはそれを使って教えているのであって、問題は、神の力を信じきって、何をしてほしいのか、と問うてくださる主イエスに心からお願いを申しあげることが私たちの「祈り」という行為なのだと考えてよいのである。

「祈り求めるものはすべて既に得られたと信じなさい。そうすれば、そのとおりになる」イエスはさらに前の続きの24節ではっきりと断言してくださる。「私に何をしてほしいのか」とおききくださる主イエスに対して、祈り求めるとき、既に得られたと信じることがはたしてできるだろうか。それができないところにこそ、私たちの祈りが、ほんとうの祈りになれない苦悩があるといってよいのかもしれない。ひとつだけ「証し」を申しあげよう。

実現したブーバーとの対面

たしか一九六〇年のことだったが、マルチン・ブーバー先生の『我と汝』を上智大学の野口啓祐氏の訳で読んだ私は、ほんとうに感動した。このような書物を書かれたマルチン・ブーバーという先生に一度でよいから、直接お会いしてお話をさせていただきたい、という切実な願いを心に抱いた私は、机の前に、「マルチン・ブーバー先生」と書いた紙をはりつけて、毎朝毎夕祈りつづけたのである。

当時私は民主社会主義研究会議の理事をつとめていたのであるが、一九六一年十二月の理事会に出席したとき、イスラエルに行ってくれないか、という要請を受けた。あまり突然のことで驚いたのであるが、イスラエルに行けば必ずマルチン・ブーバー先生にお会いすることができると信じた私は、その場で承諾した。

イスラエル政府からの招きで民主的な組合の委員長、書記長など一七名の団長として主としてテルアビブのアジア・アフリカ研究所が私たちのために開いてくれた特別なゼミナールに参加することが目的だったのだが、忘れることのできない一月二十六日の午後、二時間ばかり、エルサレムのお宅でマルチン・ブーバー先生と親しくお話をすることができたのである。

私が信じて祈りつづけたことがそのとおりに実現した、ほんの一つだけの「証し」として記した次第である。

（一九九九年三月号。掲載時、日本基督教団牧師、文芸評論家。二〇一四年逝去）

祈りとは　4

主よ、祈り心を与えてください！

島《しま》　隆三《りゅうぞう》

主の僕たちの祈りに答えて

「彼らは皆、婦人たちやイエスの母マリア、またイエスの兄弟たちと心を合わせて熱心に祈っていた」（使徒1・14）

復活の主イエスが弟子たちに残した最後の命令は、「エルサレムを離れず、前にわたしから聞いた、父の約束されたものを待ちなさい」（1・4）でした。その約束とは、もう一人の助け主なるお方、すなわち聖霊なる神が彼らに降《くだ》ると、彼らは力を受けて復活の主の証人として立つことができるというものでした。彼らはその約束を信じて、広い二階の部屋に集まり、心を合わせて熱心に祈ったのです。祈り続けて一〇日目の五旬祭（ペンテコステ）の日、約束の聖霊は彼らに降りました。彼らは聖霊に満たされ、大胆にイエス・キリストの福音を宣べ伝える者へと変えられました。このようにして教会は誕生し、聖霊の力により、福音は「地の果てに至るまで」（1・8）宣べ伝えられてきたのです。

日本におけるプロテスタント教会の誕生

二〇〇九年は日本にプロテスタント信仰が伝えられて一五〇年の記念の年でした。徳川幕府による長い鎖国政策が解かれ、ようやく横浜、長崎、函館が開港した時、それを待っていたアメリカをはじめキリスト教国は、先を競うように日本に宣教師を派遣してきました。長崎にリギンズ、C・M・ウィリアムズ、フルベッキ、横浜にヘボン、S・R・ブラウン、シモンズといった人々です。宣教師たちが来日した一八五九年は、まだキリシタン禁制でしたから公の伝道は許されず、宣教師たちは在留外国人のために礼拝を守り、日本の青年たちに英語を教え、密《ひそ》かに伝道する程度でした。明治維新となり一八七一（明四）年の年末から翌年一月初週にかけて、宣教師たちは祈祷会を開いて日本の救いのために熱心に祈りました。それを見て、宣教師バラの学生たちが自分たちも祈祷会を開きたいと申し出ました。バラは喜んで彼らのために毎日使徒言行録を読み続けました。こうして二月八日を迎え、バラは黒板にイザヤ書32章15節の聖句を書き、ペンテコステについて説教しました。この日のことを植村正久は次のように記しています。

今まで祈祷の声発することなかりし甲祈り、乙これに次ぎ、或《あるい》は泣き或は叫びて祈りする者、前後を争うが如《ごと》くにてありき。

フルベッキもこう記しました。

神は初代教会のごとく、そして使徒たちを取り囲んだ人々のごとく、日本に聖霊を降したもうた。

この祈祷会は聖霊の火に燃えて実に何か月も続き、その間、三月十日、押川方義《まさよし》ら九名の青年たちがバラから受洗し、聖餐式を守り、ここに日本最初のプロテスタント教会、日本基督公会が誕生したのです。キリシタン禁制の高札が撤去されたのは、その翌年のことでした。

このように、わが国にプロテスタント教会が誕生する契機となったのも、宣教師たちの心を合わせた祈りと、まだ受洗もしていない日本の青年たちの心を合わせた熱心な祈りからであったことを知ることができます。

戦時中の弾圧の中で

もうひとつ、わたしの母教会のことを紹介させていただきましょう。わたしの母教会は札幌にありますが、第二次世界大戦のさなか、ホーリネス系の教会は国家の弾圧迫害を受けて、主だった教師たちは投獄され、やがて教会は解散させられました。公に礼拝や祈祷会を開くことは禁じられたのです。牧師はおらず、牧師夫人も集会に行くことを禁じられるなかで、信徒たちは秘密の集会を守りました。密かに、信徒の家に集まり、互いに励まし合い、祈り合って信仰を守り続けたのです。それはいつも涙の祈祷会になったと聞きました。獄中にある牧師のために、また、散らされた信徒たちのために必死の執り成しの祈りが捧げられました。神はこの祈りに答えて獄中の牧師を支え、ついに敗戦後の一九四五年十月に牧師は無事刑務所から出所することができました。北海道の特に冬の獄中生活がどれほど困難であったかは想像に難くありません。凍傷にやられて死を覚悟したという牧師も不思議に守られ、帰宅が許されたのでした。そして、出所してまもなく家庭集会が始められ、一九四五年のアドベントから礼拝を再開することができました。数少ない信徒たちにとって、それはまるで夢みるもののようであったと聞きます（詩編126編）。これも信徒たちが心を合わせて祈り続けたことが、戦後の教会復興をスムースに運ばせたのでしょう。

心を合わせて

祈りは信仰生活の呼吸のようなものですが、特に心を合わせて祈る祈りを主は喜ばれます。ペンテコステの聖霊降臨の前にも、弟子たちは「心を合わせて祈った」のです。主イエスの弟子たちへの約束の中にも、「はっきり言っておくが、どんな願い事であれ、あなたがたのうち二人が地上で心を一つにして求めるなら、わたしの天の父はそれをかなえてくださる」（マタイ18・19）と教えられています。この約束を信じて、教会においてはもちろん、家庭においても学校や職場においても、心を合わせる祈りが始まるところから、神は新しい業を始めてくださると信じます。

私自身の信仰の歩みにおいても、どれだけ祈りの友に助けられてきたことでしょう。一人で祈れなくなった時にも、祈祷会に行けば共に祈ってくれる友があります。特別に祈りを要する時には、私たちは一人で祈るとともに、ぜひ誰かに祈りの助けを仰ぐべきです。祈ることは小さな幼児でもできることですが、実はおとなでも難しいことは私たちが皆経験してきたことではないでしょうか。サタンは何とかして私たちに祈らせまいといたします。ですから、祈りの友が必要なのです。戦後の日本に大きな足跡を残した祈りの人スタンレー・ジョーンズ師は、「もし、一つのことを主に願うとするなら『主よ、祈り心を』」と言っています。祈りの人スタンレー・ジョーンズさえ、祈るために「祈り心」を求めたのです。私たちも祈り心を求め、また、祈りの友を求めて、心を合わせて主に祈る者でありたいと思います。

ひたすら祈る

もう一つのことは、初めの使徒言行録1章のみ言葉に、彼らは心を合わせて「熱心に」祈った、とあります。この「熱心に」と訳された言葉は聖書ではしばしば祈りに結びついて「ひたすら」とか「たゆまず」と訳されます。元々「専念する」という意味の言葉です。初代教会は、ひたすら祈る教会であったということです。私たちは、なんと祈らない教会になってしまったことでしょう。祈祷会も止《や》めてしまった教会もあります。ウィークデイの祈祷会が難しければ、主日礼拝の前後に祈るとか、何か工夫が必要ではないでしょうか。旧約でも祭壇の火を燃やし続けたように、祈りの灯を消さないように努める必要があるでしょう。

熱心に祈る、ひたすら祈ると言えば、韓国の教会を思い起こします。韓国の教会はまさに《祈りの教会》です。前任の教会の近くに韓国の牧師が牧会する教会がありましたが、その牧師もよく祈る人でした。いつか電話をした時に、「今、牧師は祈っていますから、電話に出ることができません」と言われました。祈ることを何よりも優先していることに感銘を受けました。考えてみれば、使徒たちは「祈りと御言葉の奉仕に専念すること」が本来の使命であり、そのために奉仕者が立てられたのでした（使徒6章）。日本の教会も、初代の教会や韓国の教会に学ばねばならないと思います。

おわりに

最後に、教会は聖霊が降ることによって誕生し、また新しくされましたが、かつてそうであったとか、あの時そうされたというだけでなく、教会は絶えず聖霊によって新しくされていくべきものです。

「祈りの人」と言われた佐藤雅文という方の『祈祷の生涯』（いのちのことば社）の中に、このように記されています。

祈祷は教会全般の奉仕の念を盛んにする。祈祷は神に向かう愛をよびおこす。神に向かう愛は奉仕としてその流れるところを求める。祈祷が盛んであれば神に向かう愛が盛んである。神に向かう愛が盛んになれば、奉仕もまた盛んである。奉仕が重荷になったとき教会は冬眠状態に入ってしまう。右のものを左にやるのもおっくうになってくる。この意味において眠りから覚める時である。そう叫んでみても、人々は目を開いたかと思うと、さらに深い眠りに陥っていく。かかるとき、誰かがひざまずき始め、ひざまずく本人が目ざめ始めさらにその覚醒が他におよんでほしいものである。教会は組織で成立すべきものではなく、奉仕の念で成立すべきものである。……主願わくは冬枯れの野に南風を送りたまえ。祈祷の南風を送りたまえ。

今、日本の教会がもっとも必要としているのはこの「祈祷の南風」ではないでしょうか。あの方法、この方法という方法論よりも、教会誕生の原点に帰ることこそ私たちに求められていることです。教会が祈り始める時、教会の内に新しい神の業が始まることを信じます。「主よ、祈り心を与えてください！」

（二〇〇九年五月号。掲載時、日本基督教団 仙台青葉荘教会牧師、東京聖書学校校長。現在、東京聖書学校神学教師）

祈りの遺産　1

主の祈り　世界を包む祈り

今橋《いまはし》　朗《あきら》

主が与えてくださった祈り

私たちクリスチャンは、祈る動物です。教会で、家庭で、職場で、あるいは路上や電車の中でさえ、うれしい時も悲しい時も祈ります。しかし世の中には、クリスチャンでなくても祈る人々はたくさんいます。私たちよりももっとしばしば、もっと熱心に祈る、いわゆる宗教的な人、信心ぶかい人たちが他宗教にもたくさんいます。

そこで、クリスチャンとは「主の祈りを祈る者」と言い直しましょう。

まさに、主の祈りこそキリスト教の祈り、祈りの中の祈りです。この祈りは人間の宗教心の高まりや熱心さが生み出した祈りではなく、イエス・キリストご自身が教えてくださった祈りです。そのことを二つの福音書が記していますが、マタイは偽善者・異邦人の祈りと対比して、この祈りが与えられたことを述べ（6・5～8）、ルカは洗礼のヨハネが弟子たちに教えた祈りと対比しつつ、「私たちも祈りたい」という願いに応えて、主イエスが弟子たちに教えてくださった祈りである、と記しています（11・1～2）。

いずれにしても主の祈りは、祈れない私たち、願望ばかり多い誤った祈りをしてしまいがちな私たちに、主が与えてくださったところの「賜物」なのだということを心にとめましょう。

神は私たちに数々の豊かな恵みの賜物をくださいました。そして実に、祈りまでも与えてくださったのです。そうでなければ、私たちは「どう祈るべきかさえ知らない」弱い者だからです（ローマ8・26）。

二つの福音書に記録されている「主の祈り」は互いに少しずつ異なっていますが、私たちが通常唱えている言葉とも違います。いちばん目につく相違は、終わりに「国と力と栄えとは……」という頌栄の言葉がついているかどうかです。

ユダヤ人たちは礼拝で祈りをささげる時には、ひとりでに神をほめ讃える言葉を付加したと言われますが、私たちの「主の祈り」の終結の頌栄は歴代誌上29章10節以下のダビデの祈りに酷似しています。このような頌栄部分のついている主の祈りの最古の記録は、紀元一〇〇年前後のものと言われる「十二使徒の教訓（ディダケー）」というたいせつな文書です（8・2）。

ここで「主の祈り」の構造について考えてみましょう。今述べた終わりの頌栄を含めて、大きく四つの部分から成っています。

①呼びかけ（天にまします……）。
②神のことがらに関する祈願（み名、み国、みこころ）。
③私たちに関する祈願（日用の糧、罪の赦し、誘惑からの救い）。
④ふたたび、神のことがら（頌栄）。

この構造そのものが既に、キリスト教の祈りの特色を示しているものと言えます。

父への祈り

まず、祈りは明確に神へと向かいます。心と生活姿勢の方向を天（神）に向き直らせるわけです。心の方向を変えることを、新約聖書ギリシア語ではメタノイアと言いますが、これは「悔い改め」と訳されます。祈ろうとして神を呼ぶ時、それは既に悔い改めの業であります。

よく手紙の末文に「ご健康を祈ります」「ご成功を祈ります」と書いてくれる方がいます。しかし、ほんとうに私のために祈っていてくれるのかなあ、だれに向かって祈っているのかなあ、私のためにその人は悔い改めてくれたのかしら、などと考えてしまうのは失礼なのでしょう。単に「希望します」程度の気持ちを表すために「祈ります」と書いてしまったのでは……。そんなことを考えるのは意地悪なのかもしれません。

私たちはこの祈りを「主の祈り」（古くは主祷文）と呼び慣れてきましたが、多くの国語では「われらの父」（ラテン語・ドイツ語など）と呼ばれています。言うまでもなく、この祈りの最初の呼びかけが、祈り全体の名称になっているわけです。

実は日本でも、四五〇年前にキリスト教が伝えられた時、当時のキリシタンたちはこれを「ぱあてる・のすてる」のオラショ（祈り）と呼んでいました。ラテン語で「われらの父よ」の意味です。そして日本語訳は「天にましますわれらが御親《おんおや》」です。「パアテル」を、母に気がねしながら父と訳すよりも、はるかに良いではありませんか。『どちりな・きりしたん』（キリスト教教理〈慶長五年・長崎版に出ています。

さらに「われらの……」という複数形は特にたいせつです。これは独りで祈る祈りではなくて、共同体の祈りです。たとえ独りで寂しく祈る時でも「わたしの父よ」と言うべきではありません。罪の連帯と弱さの共同体の一員として、それが福音によって救いと祝福の共同体へと変えられていく事実を踏まえ、感謝して「われら……」と祈るのです。

次に、私たちは神の名・支配・意志の成就を祈ります。恣意的な祈りは最初から最後まで自分（たち）のことばかり願うことになりがちです。この部分が終わりの頌栄の部分と対応していることは言うまでもありません。神を崇《あが》め、愛し、信頼し、待ち望み、讃美するという、大きな感謝の応答としての祈りの構造の中に、「われらの必要とする」ことがらについての祈願が支えられ、守られて位置づけられます。

生活の祈り

私たちの日常性をおびやかす基本的なものは、糧（パン）の問題です。そして返済しきれないローン（負債・罪）の重荷、さらに抵抗しきれない試練や悪への傾向性です。主の祈りは、そのサンドイッチ型の構造によって、神の恵みの支配と栄光にはさまれた形で、私たちの不安と問題性からの解放を祈り求めるようにと教えてくれます。ここでは、私たちは他人に言えないすべての悩みを「神に打ち明け」ます（フィリピ4・6）。

マルティン・ルターは『小教理問答書』の中で、「日用の糧」とは生活に必要なすべての物のことであると教えました。すなわち、食物、着物、履物、住居、田畑、家畜、金銭、器物、両親、配偶者、子どもたち、使用人、良い政府、秩序ある社会、順調な季節、平和、健康、友人、良い隣人などである、と（第24問）。

先にあげた『どちりな・きりしたん』は「日々の御養《やしな》い」と訳して説明を加えています。これはまず、聖餐の恵みを意味し、同時に「色身（肉体）の息災と、命を継ぐべき為に、いるほどの事」すべてを指すと記しています。

主の祈りは、まさに生活の祈りなのであります。

もうひとりの宗教改革者ジャン・カルヴァンも、「(主の祈りは)手短く、私共が求めるのに至当であり適切であるあらゆる事柄を含めておられる」と述べています(『ジュネーヴ教会信仰問答』問255)。

ですから私たちは、もはや「近頃、私は祈れない」とか「祈りは苦手だ」などと言うことはできませんし、言う必要もありません。心をこめて、私たちのすべての求めをこの一つの祈りに托して、祈ればよいのです。「くどくどと祈るな」「神は願う前から、あなたがたに必要なものをご存じなのだから」と、主は言われました(マタイ6・7〜8)。

さらに、祈りの終わりに唱えるアーメンという短い言葉について、『ハイデルベルク信仰問答』はすばらしい解説を加えて、主の祈りの項を締めくくっています。

問「アーメンという短い言葉の意味は何ですか?」

答「アーメンとは、これは真実であり、確実である、という意味です。すなわち、私が心の中で何かを求めているると感じるよりもはるかに確実に、神は私の祈りを聞いていてくださる、という意味です」(問129)

祈れる時も祈れない時も、教会においてもその他の場所でも、主が「こう祈りなさい。私は確かに聞いている」と言って与えてくださった祈りを、私たちは知っているということ、私たちはクリスチャンなのだということは、何という喜ばしいことでしょうか。先にあげた「ディダケー」は、一日に三回（午前九時、正午、午後三時）祈るように奨めていま す。これを律法的に守ることはありませんが、主の祈りは礼拝の祈りであると共に、日ごとの祈りなのです。

一つとされる祈り

そしてこれを共に祈る時、世界の諸教会は既に一つとされています。外国旅行中などに主日礼拝に参加して、言葉が全然わからなくても、自分の国語で主の祈りを共に祈る時、そのことを心から感謝できるでしょう。主の祈りを祈る人は孤独ではあり得ないのです。

「主の祈りは、ほんとうに世界を包む祈りである。……何事もない日常と恐るべき異例の破局……問題に満ちた世界を包む祈りである」（H・ティーリケ『主の祈り』序文より）

（一九九六年九月号。掲載時、日本基督教団蒔田教会牧師。二〇一四年逝去）

祈りの遺産　2

先達の祈りに学ぶ

加藤常昭《かとうつねあき》

最も短い祈りは

「私の神、私のすべて！」

アッシジのフランチェスコの生涯を語る古典『聖フランチェスコの小さな花』（田辺保訳、教文館、一九八七年）は、同じアッシジの裕福な名士の家のベルナルドが、その最初の仲間（弟子）となった話から始まります。

ベルナルドは、フランチェスコの秘密は密室の祈りにあると思い、その秘密を知るには、これしかないとフランチェスコを自分の屋敷に招き、同じ部屋で床を並べ、しかも寝入ったふりをします。そして夜を徹しての祈りを聴くことができました。それは、思いがけず、ただ涙と共に「神さま、おお神さま」と繰り返すだけでありました。この祈りに心打たれて終生フランチェスコと共に生きるようになりました。

世界で最も短い祈りとも言えるこの祈りの言葉は、別の形でも伝えられています。ニューヨークの著名な説教者であったジョージ・バトリックの『祈り』（一九四一年）は、二十世紀に英語で書かれた祈祷論の秀作であり、若いときの私の愛読書でしたが、この祈りを重んじ、その言葉を「私の神、そして私のすべて」（My God and my All）と紹介しています。

中世以来、聖書についで読まれてきたというトマス・ア・ケンピスの『キリストにならいて』（新教出版社）第三章にも、この祈りが記されていますが、やはり「私の神、私のすべて」です。おそらくこの少々形を整えた言葉がフランチェスコの祈りとして語り伝えられ、これを自分の祈りとしてきた人も多かったのでしょう。フランチェスコの祈りはいくつも語り伝えられていますが、これがその中で最も短いものです。どう祈ったらよいかわからないと悩むことがあります。そのようなとき、この祈りを思い出すといいでしょう。神を呼び続けます。「神はすべて」と言うとき、神にすべてを委ねています。祈りそのものをも委ねています。祈りは神を呼ぶことです。すでにパウロは、神の子の霊を受けてこそ幼子《おさなご》のように「アッバ、父よ」と呼ぶ祈りが生まれると言いました（ローマ８・15）。ここに祈りの基礎があります。

霊の呼吸として

「神の子イエス・キリストよ
私を憐れんでください！」

これは、フランチェスコよりも更に古い時代に遡《さかのぼ》る短い祈りです。古代、都会を離れて砂漠に独りで、あるいは小さな集団で祈りと黙想に徹して生き、人びとがこれを訪ねて霊的な指導を受けた〈砂漠の師父〉と呼ばれていた人びとがいます。現在、改めて関心を呼んでいる霊的な人物たちです。その人びとの間で生まれた祈りで、〈イエスの祈り〉〈イエズスの祈り」と呼ばれます。

フランチェスコが西のキリスト教会の人であるのに対して、この祈りは、東の教会、つまり、ギリシア正教会、その修道院を中心に重んじられてきました。マタイによる福音書第15章が伝えるカナンの女の「主よ、ダビデの子よ、わたしを憐れんでください」という叫び、同第20章が伝えるふたりの盲人の「主よ、ダビデの子よ、わたしを憐れんでください」という叫びが受け継がれたと見ることができます。

七世紀のシリアの修道院では、既に、この祈りと結びついて呼吸法が整えられていたと言いますが、これを今も伝えるのは、よく知られたギリシアのアトスの修道院です。ゆっくり息をしながら、この祈りを続けるのです。黙想のひとつの方法として評価され、今は、西の教会でも用いられるようになりました。

祈りは、霊の呼吸であると言います。それをからだの呼吸と重ねて体得する祈りとなったのです。私どもは、特別に、その呼吸法を学ぶことがなくても、この祈りを自分の口にのせることはできます。キリストを呼ぶ祈りです。憐れみを求め続ける祈りです。ここでも全存在を祈りのなかに没入させることが自然に促される祈りです。

主の祈りを踏まえながら

もともと私どもは、祈りの言葉を探し求めて悩む必要はありません。主ご自身が教えてくださった主の祈りをすればよいのです。祈りに生きた人びとは、主の祈りを日々の祈りとしました。そこから自分の祈りが生まれました。私どもの日々の祈りは、主の祈りの敷《ふ》延《えん》であると言うことができます。

十九世紀から二十世紀初頭にかけて、南ドイツで、かつての砂漠の師父たちに似た霊的指導者として生きたブルームハルトが祈った言葉を記録した『ゆうべの祈り』(加藤常昭訳、日本キリスト教団出版局、一九六二年)があります。その一月一日の祈りをご紹介します。

「天にいますわれらの父よ！　み名があがめられますように。み国が来ますように。み心が天に行なわれるとおり、地にも行なわれますように！　新しい年もこの祈りにおいてわれらをお守りください。われらがともに手をたずさえて、永遠にして聖なるあなたとの交わりを見いだしうるようにしてください。そして、自分の道を、地上における自分の道をあゆむわれらを祝福してください。そしてたとえ地上がどんなに悪

しきものと思われる時も、すべてのことにおいて常に自由であり、あなたがなされるすべてのよきことを日ごと夜ごとに感謝しうるようにしてください。われらはみ名をたたえ、救い主が語ってくださったそのとおりに祈ります。アーメン」

私は、この夕べの祈りを家族と共に四〇年近く祈り続けてきました。この元日の祈りの冒頭にある、主の祈りの前半が一年中、一貫して祈り続けられます。後半の祈りは出てこないのです。ブルームハルトは、心身を病んだり、深い悩みのなかにある無数の人びとの訪問を受け、福音の慰めを語り続けた人です。この世に生きる人間の悲しみの重みにつぶれるような思いを抱き続けました。

そこで、集中して祈らずにおれなかったのは、神のみ名が地上で崇められ、み国が到来し、み心が行われることです。私は、この祈りこそ、紀元二〇〇〇年を迎えた私どもキリスト者の集中して祈るべきものと信じています。人間の悩みが深まり、望みが見えてこないとき、神に栄光を帰しながら、その支配を求めずにおれません。

私はドイツで生活したことがあります。食卓につくと、食事の前にも後にも感謝の祈りをします。自由な祈りもありますが、多くは伝統的な決まった祈りをします。賛美歌集の巻末に、その時に用いられる祈りがいくつも載っています。私が心を打たれた祈りに、こういうのがあります。

「主よ、なくてならぬものはふたつです
あなたの慈しみによって、それを与えてください
日々の糧を
私どもの罪の赦しを」

ここにも主の祈りが生きています。ここでは、その後半が思い起こされています。私が初めてこの祈りを聴いたとき、食事の間も消えなかった衝撃は、日々の食事と同じように、主の赦しがなければ片時も生きられないということに、自分がどれほど気づいているかと思ったからです。

現在の教会と社会の問題を乗り越えるためにも不可欠な祈りがここにあります。自己を中心として生きる姿勢が際立っています。そしてかえって自分を生かすことができない挫折が悲惨を生んでいます。これらのことの根源にある罪に気づき、深く悲しみつつ、主よ、あなたの赦しがなければ、ひとときも生きることができません、と祈るのです。

礼拝で養われる祈り

「主なる神よ、永遠にして全能なる父よ。わたしたちは、あなたの聖なる稜威《みいつ》の御前に立って、造り飾りなく、告白いたします。わたしたちは、不義と腐敗とのなかに胎《はら》まれて生まれ、悪のわざに傾き、すべて善きわざをなすに耐え得ない、貧しき罪人らでございます。またわたしたちは、おのが悪によって、あなたの聖き御いましめを、果てしなく・絶え間なく破っております。こうして、わたしたちは、おのが上に、あなたの義なる審判よりの破滅と滅亡を招いているのであります。しかしながら、主よ、わたしたちは、あなたの恵みによってわざわいから救われることを願いもとめつつ、あなたにそむき来たったことを心の内に苦しみ、われとわが悪とを真心の悔いをもってばっするものであります。それゆえに、いとも寛大であり、憐れみにとみたもう神よ、御父よ、わたしたちの主、あなたの御子イエス・キリストの御名によって、わたしたちにあわれみを垂れてください。こうして、わたしたちのかずかずの悪徳と汚《けが》れとを拭い去り、わたしたちに赦しを与え、聖霊の恵みを日に日にわたしたちに増し加えて下さい。そして、これによってわたしたちがおのれの不義を誠心誠意みとめることによって、わたしたらがすべての罪に死んで、あなたのよみしたもう義と罪なきことの実りを結ぶに至りますように。このイエス・キリストに依《よ》りて。アーメン」

（渡辺信夫訳）

長い祈りですが全文を紹介しました。礼拝のなかでなされる罪の告白ですが、もちろん、祈りとして語られます。改革者カルヴァンが書いたこの祈りは、世界の教会の礼拝において受け継がれてきました。

私どもの日々の祈りの生活は、主の日の礼拝で献げられる教会の祈りによって造られ、支えられます。ですから、教会は礼拝の祈りを重んじてきました。カルヴァンもまた、後代が「礼拝式文」と呼ぶ文章を、実は「教会の祈りの定式」という題で発表しました。自由な言葉で祈ることの多い私どもですが、そこで教会の祈りがなされることを忘れてはなりません。そこでまずなされたのが悔い改めでした。

悔い改めと共に礼拝において重んじられたのが、とりなしの祈りです。次に掲げるのは、拙訳で刊行されたばかりの豊かな問いかけの書、クリスティアン・メラー『慰めの共同体・教会』（教文館）が紹介してくれている、無名の牧会者のとりなしの祈りです。

多くの礼拝におけるとりなしの祈りは長文のものです。それは当然です。それに対して、この祈りは簡潔で、しかも私どもが学ぶべき、他者のために、他者に代わってする祈りがどのような心から生まれるものであるかを、よく示してくれています。

「主よ、私が何も言ってあげることができないすべての人びと、私があなたのみ力を伝えてあげることができないすべての人びとと共に、今み前にまいりました。家を訪ねることもできなかったすべての人びと、あなたについて何を語ってあげてよいか、そのすべもわからなかった男とも女とも、共にみ前にあります。少なくとも、あなたについて何かを語ってあげたくて、これらの人びととみ前にあるのです。おお主よ、私はこれらの人びととあなたについて語ることができません。ですから、せめて、これらの人びとのことについて、これらの人びとのために、あなたと共に語らせてくだ

さい。これらの人びとと、これらの人びととの名によって、あなたを賛美させてくださ
い。あなたが、これらの人びとと共にあり、これらの人びとのために来てくださるこ
とを、祈りつつ待つことができますように。アーメン」

ここで紹介した先達の祈りは、私どもに遺された溢れるほど豊かな宝のほんの一部です。しかし、これだけの祈りに学びながら、私ども自身の祈りの生活を造ることができたら、どれほどの実りが与えられることかと思います。聖霊とみ言葉に導かれ、守られる、皆さまの祈りでありますように。

（二〇〇〇年三月号。日本基督教団隠退教師）

祈りの遺産　3

フランシスコの「平和の祈り」

石井健吾《いしいけんご》

主よ、わたしを平和の道具とさせてください。
わたしに　もたらさせてください……
憎しみのあるところに愛を、
罪のあるところに赦しを、

争いのあるところに一致を、
誤りのあるところに真理を、
疑いのあるところに信仰を、
絶望のあるところに希望を、
闇のあるところに光を、
悲しみのあるところには喜びを。

ああ、主よ、わたしに求めさせてください……
慰められるよりも慰めることを、
理解されるよりも理解することを、
愛されるよりも愛することを。

人は自分を捨ててこそ、それを受け、
自分を忘れてこそ、自分を見いだし、

赦してこそ、赦され、
死んでこそ、永遠の命に復活するからです。

フランシスコの「平和の祈り」と言われるこの祈りは、二十世紀初めに公開されたものです。フランスはノルマンディー地方にあったカトリックの信徒団体、信心会の年報『平和の聖母』誌第95号（一九一三年一月発行）に掲載されました。それが第一次世界大戦中の一九一六年一月、バチカン教皇庁発行の『オッセルヴァトレ・ロマーノ』紙で公認されました。

この記事に着目したフランシスコ会第三会*（在世会）が、会員あてのメッセージとして市販のフランシスコの聖画カードの裏面にこの祈りを印刷し、配布したのがフランシスコの「平和の祈り」と喧伝《けんでん》され、戦中のフランスはもとより、対戦国ドイツに、やがて全ヨーロッパへと広がったと考えられます。そして、第二次世界大戦終了後にアメリカのサンフランシスコで開催された国連関係の会議で一議員によって紹介され、日本にも入ってきたものと推察されます。

この祈りの頭につけられたフランシスコという人物は今から八三〇年ほど前にイタリアはアシジの豪商のもとに生まれました。「パーティーの王さま」とあだ名で呼ばれ、毎晩仲間と酒と歌で青春を謳歌《おうか》し、憧れの騎士となり出征します。そこで神の啓示を受け、故郷に帰って回心します。そして、世間の栄華をすべて捨て「貧しい者」となり、社会のあらゆる階層の人から愛され、聖人と慕われ、今日に及んでいます。

彼は「正義」を口にせず、ガンジーのように非暴力に生き、平和と神の愛を唱え実行し、世界に感動を与えました。マザー・テレサも彼の生き方に共鳴しています。一九七九年に教皇ヨハネ・パウロ二世がフランシスコを環境の保全に携わる人々を保護する聖人とし、一九八一年には国連事務総長ワルトハイムも生誕八〇〇年祭に国連の理想を実践した人物として賞賛しました。

そして、この「平和の祈り」がつくられて一〇〇年を迎えた二〇一三年四月、ローマ教皇にブエノスアイレス大司教でイエズス会士のベルゴリオ枢機卿が選ばれました。その彼が教皇名にこのフランシスコをとったのです。この新しい教皇はバチカン宮殿ではなく、一般の司祭の宿舎からサンピエトロ大聖堂に出勤されているとのこと。キリストと同じく貧しく謙遜に生きたフランシスコに倣い、へり下って人々の僕として平和と愛の模範となられとしている姿勢は、今、すべてのキリスト者にも求められていることではないでしょうか。

（二〇一三年八月号。カトリック・フランシスコ会司祭）

＊第三会＝世俗にあって、ある修道会の指導のもとにその修道会の精神に基づいた生き方をしようと努力する者の会。

教会での祈り　1

礼拝でささげられる祈り

荒《あら》瀬《せ》牧《まき》彦《ひこ》

個の祈りと民の祈り

あなたは一人ではありません。一人でいる時間はとても大切なものですが、その一人でいる時も、まったく孤立して存在するのではありません。キリストを信じ、キリストにつながれた者は、教会という「キリストの体」につながれ、その一つの部分とされています。エフェソの信徒への手紙はそれを家の建設になぞらえて、「あなたがたはもはや、外国人でも寄留者でもなく、聖なる民に属する者、神の家族であり、使徒や預言者という土台の上に建てられ」（2・19〜20）、「キリストにおいて、あなたがたも共に建てられ、霊の働きによって神の住まいとなる」（同22節）と異邦人クリスチャンに教えています。

祈りに関しても、このことは大きな意味を持ちます。あなたが一人で祈る祈りも、キリストの体が祈る大きな祈りにつながれています。

個人の密室での祈りは、神さま以外の誰にも聞かれないものですが、でもそれもキリストの体なる教会の祈りの大切な一部です。個の祈りと共同体の祈りは分かちがたく結びついています。個々人の真摯な祈りの生活がなければ、教会がささげる共同の祈りは、地に足がついたものとならず、生きた力を持たないでしょう。また、共同の礼拝における祈りという土台を持たなければ、個人の祈りはやせ細り、独り善がりで狭いものになってしまうでしょう。

個人の祈りと共同体の祈りは互いを必要とし合っているのです。ですから、個人の祈りの生活を充実した実り多いものとしていくためにも、礼拝における公的な祈りに真剣に参与することはとても大切です。あなたの祈りはそこで育てられるのです。

礼拝というドラマの中の祈り

礼拝の中での祈りについて考えてみましょう。

礼拝には然るべき構造があります。礼拝順序は、必要な要素を適当に並べたというものではなく、礼拝において交わる神と人との関係を凝縮して形にした必然性があるのです。「礼拝は典礼的ドラマである」という言い方がありますが、礼拝の構造は神と人との間に織りなされるドラマを展開していくものなのです。ですから礼拝の中での祈りは、礼拝という福音ドラマの場面場面に必要な、礼拝的文脈にふさわしいものとなります。礼拝の基本形と祈りの関係を『日本基督教団　式文（試用版）』「主日礼拝式B」に沿って見てみましょう（次ページ参照）。

①の祈りはどのような内容でしょう。神が自分たちを礼拝へと呼び集めてくださったことへの感謝、御名の栄光への賛美、悔い改めなどがささげられます。教会によってはこれを「罪の告白の祈り」とし、神さまの前に静まって方向を正される時とします。『式文（試用版）』には、「罪の告白」祈祷文が七つあげられています。うち三つは詩編

日本基督教団　式文（試用版）主日礼拝式B

《神の招き》

前奏

招詞

集められた民の賛美

祈祷（開式の祈り）①

頌栄

《神の言葉》

祈祷（聖霊の照らしを求める祈り）②

聖書朗読

賛美

説教

祈祷③

賛美

からの交読文です。また、教会によっては、教会暦の中でのその主日にふさわしい祈りをここでささげます。その祈りによって、礼拝者の心が一つの方向に向けて整えられていきます。

②は聖書朗読と説教に先立つ祈りですから、聖霊が礼拝者の内側を照らし、神の言葉を神の言葉としてしっかり聴くことができるようにと求めるものです。

③は説教者が祈るものですが、説教の要約や追加ではなく、説教を通して語られた神の言葉に対する会衆の応答を、説教者が代表して述べるものです。皆の心からの「アーメン！」が響いた時、説教が双方向のコミュニケーションとなり、そこで福音が出来事となるのです。

《感謝の応答》
信仰告白
祈祷（とりなしの祈り）④
献金（奉献と祈り）⑤
主の祈り⑥
聖餐⑦
《派遣》
報告
賛美
祝福
後奏

---

④は、礼拝者一同がとりなしの祈りをささげ、祭司としての役割を果たす場面です。教会・信仰者がこの世において自分の使命をどう理解しているかがよく表れるところです。すぐ隣にいる人のことから、遠い国に暮らす人たちのこと、地球全体の課題など、細やかな心と広い視野をもって、祈りの灯を主の前にささげます。

⑤は奉献の祈りですが、それは献金をささげるということにとどまりません。「私自身をあなたのお働きにささげます」という献身の祈りとなります。多くの言葉を必要としないシンプルな祈りです。

⑥は「主が、このように祈りなさいと与えてくださった祈り」です。主の祈りは私たちの祈

りの始点であり、凝縮であり、目標ですから、全身全霊で祈ります。主イエスの唇から私たちの唇に乗せられた祈りがあるのはなんとうれしいことでしょう。主の祈りは礼拝のどの位置で祈っても意義深いものですが、歴史的には、早くから聖餐の祈りと結びついてきました。

⑦は聖餐における祈りです。古代の教会で聖餐はエウカリスティア（感謝）と呼ばれ、神の救いの御業（救済史）を想起して力の限り感謝することが重んじられました。救いの感謝、そして聖霊の注ぎへの求めが、不可欠な祈りの要素です。

右のような礼拝順序ではなく、牧会祈祷と呼ばれる大きな祈りが聖書朗読と説教の間にあるという教会も多くあります。時に五分以上に及ぶような長い祈りを牧師がささげるという礼拝形式においては、右に挙げた祈りの内容のほとんどがこの祈祷に含まれ、そこでまとめて祈るようになっています。

大きな牧会祈祷は、十九世紀北米で発達したフロンティアの礼拝伝統に顕著な特徴です。日本の教会は宣教師を介してそこから影響を受け、今に至っているのでしょう。

さまざまな形の祈り

右にあげたものが礼拝の祈りのすべてというわけではありません。まず、多くの祈りが賛美歌によってささげられています。歌うことで「祈っている」のを私たちは意外と忘れているかもしれません。人や自分の耳を楽しませるためでなく、魂の声を神さまに届けるために歌っているのです。

そしてそれは神さまに聞かれているのです。祈りの心で歌いましょう。コロナ禍で今までのように歌えなくなった時、賛美歌の歌詞を「読む」「聴く」ことの豊かさを多くの人が発見しました。賛美歌集は祈りのテキストでもあるのです。

礼拝の中で沈黙の時間を持つなら――たとえば罪の告白の後や聖書朗読・説教の後などに――その沈黙もまた祈りとなります。前奏や後奏も、民の祈りを導き、一つに凝縮してくれるものですし、演奏それ自体も奏楽者のささげる祈りと言えます。

あなたはどういう姿勢で祈りますか。両手を胸の前で組んで頭を垂れる。てのひらを合わせて顔は前に向ける。両手を高く上げて天を見上げる。礼拝伝統によって異なりますが、その姿もまた祈りと言えるでしょう。気が散ってしまう時など立ち上がって顔を上に向けると祈りがまっすぐに立ち昇る、皆で輪になり手をつないで祈ると一つの体として祈れる、といった経験は、所作もまた祈りを形作っているということを証ししています。

自由祈祷と成文祈祷

目を閉じたまま心に浮かぶとおり祈る自由祈祷がよいのか。整えられた祈祷文による成文祈祷がよいのか。歴史的な流れを見ると、初期教会に満ちていた自由な祈りが典礼の形が整備される過程で成文化され、近代には逆に、清教徒が英国教会の祈祷書強制を拒むなど自由を求める動きが次々現れ、両者は対立的にとらえられるようになりました。

しかし一方の霊的価値が高く他方は低い、というものではありません。どちらも大切であり、両者は互いに高め合う関係にあるのです。自由祈祷のみで来た教会・信仰者の方には、過去から継承・共有されてきた祈りの財産を活用していただきたいですし、成文の祈り以外できないという方には、自分の言葉で率直に祈ることの喜びをぜひ知っていただきたいと願います。

（二〇二三年六月号。カンバーランド長老キリスト教会 田園教会牧師、日本聖書神学校教授）

公同の祈りとしての「罪の告白」

四つの式文に学ぶ

越川弘英《こしかわひろひで》

礼拝の中での「罪の告白」

近年、日本のプロテスタント教会で作成された礼拝式文の中には、「罪の告白」を取り上げ、会衆が共に悔い改めを行う場面を礼拝の中に位置づけたものが多くなってきました。

これまで多くの教会では、牧師や司式者が「牧会祈祷」や「開会祈祷」の中で感謝・祈願・執り成しなどのさまざまな祈りをまとめ、その内容の一つとして悔い改めを祈ることが多かったように思います。

最近の式文では、そうした一極集中的な祈り方に替えて、むしろ礼拝全体の中でいろいろな祈りを適切な位置に分散配置し、それぞれの祈りの内容やねらいをはっきりさせると共に、それらの祈りを通して礼拝の流れと一貫性をより積極的に表現しようとする傾向が強くなってきました。

また祈り方にしても、誰か一人が会衆を代表して祈る方法（代祷《だいとう》と言います）よりも、会衆が自分の声と言葉で共に祈ることを通して礼拝共同体としての意識を高め、積極的に礼拝に参与する場面を増やすという方向が意識されるようになってきています。

さてここでは四つの教団・教会で用いられている礼拝式文の中から「罪の告白」の部分を取り上げます（本書83～86ページ参照）。それらの共通点やそれぞれの特徴といったものを見ながら、礼拝における悔い改めということについて考えていきたいと思います。

「罪の告白」の位置づけ

まず最初に見ておきたいのは、礼拝全体の中で「罪の告白」がどの部分に位置づけられているかということです。

今回取り上げた『日本基督教団　式文（試用版）』、『神の民の礼拝　カンバーランド長老キリスト教会礼拝書』、『ルーテル教会式文（礼拝と諸式）』、『日本聖公会　祈祷書』は、礼拝全体の構成を、おおよそ「礼拝の開始」、「み言葉の礼拝」（聖書朗読と説教を中心とする部分）、「聖餐」、そして「礼拝の終わり」（派遣と祝福の部分）というふうに分けています。

このうち、最初の三つの式文は、「礼拝の開始」の部分で「罪の告白」を行います。他方、聖公会の場合、それは「み言葉の礼拝」の後、「聖餐」（正確には「奉献」と「聖餐」）の直前に置かれています。

こうした位置づけは、前三者の場合、私たちが神のみ前に集い、神との出会いと対話である礼拝を始めるにあたって、まず最初に私たち自身の姿、私たちの罪を見つめなおすことから始めようとする姿勢を示しています。また聖公会の場合は、み言葉を聞いたことへの応答として、そしてこれから参与する聖餐に備えて、「罪の告白」にあずかるということを意味しています。

マタイによる福音書5章24節に、「まず行って兄弟と仲直りをし、それから帰って来て、供え物を献げなさい」というイエスさまの勧めがありますが、私たちが礼拝のどの場面で「罪の告白」を行うのかを考える上で大切な示唆を与えてくれる聖句だと言えるでしょう。

「罪の告白」の内容と意味

次に「罪の告白」の式文そのものを見ていきましょう。

四つの式文に共通することとして、第一に、悔い改めは神の恵みと憐れみ、主イエス・キリストの贖いのわざに信頼して行われるということが挙げられます。私たち自身の罪を告白する行為は、同時にまた、そうした罪人であるにもかかわらず私たちを愛してくださる神への信仰を言い表す深い喜びの行為でもあるのです。

第二の共通点は、「罪の告白」に続いて「赦し」の言葉や祈願が置かれているという形式です。会衆の懺悔に対し、司式者や司祭（牧師）が執り成しや赦しを告げるという、対話的な形、祈り合う形で、そしてまた共同体的な行為として、悔い改めが行われるのです。

第三は、「罪の告白」の内容として、私たちの「思い・言葉・行い」を挙げていることです（カンバーランドの式文も内容的にこれら三つのものを含んでいます）。カトリック教会の悔い改めでは、これらに加えて「怠り」という罪にも言及しています。

このように本質的に共通する「罪の告白」ですが、他方、それぞれの式文に特徴的なものが含まれていることも事実です。

まず日本基督教団やカンバーランド長老教会の式文では、「罪の告白」に関して、ここに挙げた祈りのほかにも、実に多くの祈祷例が用意されているという特徴があります。紙幅が限られているので具体的に紹介できないのが残念ですが、日本基督教団の場合、「罪の告白」は七例、「赦しの言葉」は五例、カンバーランドの場合はそれぞれ一四例と一五例が示されています。ことに後者の式文は、教会暦などに対応して、それぞれの状況にふさわしい祈りの例が挙げられているのが特徴です。

きわだった特徴を持つ悔い改めの実践として注目したいのは、聖公会の「相互懺悔《ざんげ》（ムーチュアル・コンフェション）」です。そこでは最初に「執事または司祭」という礼拝のリーダーシップを担う人が罪を懺悔し、その祈りに応えて「会衆」が執り成します。次に、ほぼ同じ言葉で「会衆」が懺悔し、「執事または司祭」が執り成しの祈りを行います。相互に罪を告白し、相互に執り成し合うのです。その場合、礼拝を導く側の人々がまず悔い改め、会衆が「執り成し」という祭司的な役割をはたすのです。

ここには宗教改革のモットーであった「万人祭司」の理想が礼拝における具体的かつ象徴的な行為として表されていると言えるでしょう。こうした「罪の告白」の形は世界的に見ても珍しいものですが、大いに学ぶべき内容を含んでいると思います。

既存の式文を用いるだけでなく、「罪の告白」を独自に作成しているという教会も存在します。いろいろな事例や実践を参考にしながら、私たちが共に悔い改め、神のみ前に立ち帰る大切な営みとして、礼拝における「罪の告白」という行為を見つめなおしてみようではありませんか。

（二〇一一年七月号。掲載時、同志社大学キリスト教文化センター教員。現在、同志社大学名誉教授）

（1）『日本基督教団　式文（試用版）』（日本基督教団信仰職制委員会／2006年）「主日礼拝式A」

〔罪の告白〕

司式者　全能の神に罪を告白しましょう。

一　同（または司式者）

わたしたちの主イエス・キリストの父、万物の造り主、すべての人の裁き主である全能の父、わたしたちは思いと言葉と行いによって罪を犯しました。深く悲しんで懺悔いたします。どうか、御子イエス・キリストのゆえに、すべての罪をお赦しください。これからのち、新しい人として主に仕えて、御名の栄光をあらわすことができますように。主イエス・キリストの御名によって（祈ります）。

一　同　アーメン。

〔赦しの言葉〕

司式者　全能の神、わたしたちの父は、心から悔い改め、まことの信仰をもって主に立ち帰るすべての人の罪を赦すと約束されました。主があなたがたを憐れみ、すべての罪から清め、永遠の命を受け継ぐ者としてくださいますように。

一　同　アーメン。

(2)『神の民の礼拝　カンバーランド長老キリスト教会礼拝書』(カンバーランド長老キリスト教会日本中会礼拝書特別委員会/2007年)

〔罪の告白〕

司式者　神が光の中におられるように、わたしたちが光の中を歩むなら、互いに交わりをもち、御子イエスの血によってあらゆる罪から清められます。自分に罪がないと言うなら、自らを欺いており、真理はわたしたちの内にありません。自分の罪を公に言い表すなら、神は真実で正しい方ですから、罪を赦し、あらゆる不義からわたしたちを清めてくださいます(Iヨハネ1・7－9)。

司式者　共に、罪の告白を祈りましょう。

主なる神よ、あなたが私たちを愛してくださったのに、私たちはあなたを愛しませんでした。あなたが語ってくださったのに、耳を傾けませんでした。あなたが招いてくださったのに、立ち上がろうとしませんでした。行くべき所に行くことをためらい、逆にこの世の誘いには簡単に引き寄せられていました。恵みの神よ。どうか聖霊の力により、私たちに深い悔い改めをお与えください。行いや言葉だけでなく、魂の深みまで、私たちを新しくしてください。

司式者　主よ、あわれみを。

礼拝者　キリスト、あわれみを。

司式者　主よ、あわれみを。

〔赦しの確証〕

司式者　わたしはあなたの背きを雲のように、罪を霧のように吹き払った。わたしに立ち帰れ、わたしはあなたを贖ったから(イザヤ44・22)。

（3）『ルーテル教会式文（礼拝と諸式）』（日本福音ルーテル教会、日本ルーテル教団／2001年）

〔罪の告白の勧め〕

司式者　私たちは 父なる神のみ前に まごころをもって近づき、罪をざんげし、主イエス・キリストのみ名によって赦しを願いましょう。

〔罪の告白〕

司式者　父なる全能の神よ。

全　員　私たちは生まれながら罪深く、けがれに満ち、思いと言葉と行いによって多くの罪を犯しました。
私たちは み前に罪をざんげし、父なる神の限りない憐れみに より頼みます。

〔赦しの祈願祝福〕

司式者　ひとりのみ子イエス・キリストを死に渡し、すべての罪を赦された憐れみ深い神が、罪を悔い み子を信じる者に、赦しと慰めを与えてくださるように。

一　同　アーメン〔唱和する〕

（4）『祈祷書』（日本聖公会／1991年）

〔懺悔〕

執事または司祭　み心にかなう供え物を献げ、また自らを献げて、主が定められたこの聖奠《せいてん》〔注・聖餐のこと〕を行うために、ともに罪を懺悔しましょう

司　祭　父と子と聖霊なる全能の神、および天の会衆と兄弟〔姉妹〕の前に、わたしは、思いと、言葉と、行いによって、多くの罪を犯していることを懺悔します。神よ、どうかわたしを憐れみ赦してください。兄弟〔姉妹〕よ、わたしのために主なる神に祈ってください

会　衆　全能の神があなたを憐れみ、すべての罪を赦してくださいますように

司　祭　アーメン

会　衆　父と子と聖霊なる全能の神、および天の会衆と師父の前に、わたしたちは、思いと、言葉と、行いによって、多くの罪を犯していることを懺悔します。神よ、どうかわたしたちを憐れみ赦してください。師父よ、わたしたちのために主なる神に祈ってください

司　祭　全能の神が皆さんを憐れみ、すべての罪を赦し、恵みと力を与え、み心にかなう新しい生涯を送らせてくださいますように

会　衆　アーメン

教会での祈り　3

祈祷会　皆で祈る喜び

小《こ》堀《ぼり》康《やす》彦《ひこ》

霊的に元気になる道

皆さんは祈祷会に出席されているでしょうか。私がこの原稿を書きながら願っていることは、ただ一つです。これを読んだ人の中から祈祷会へ出席する人が一人でも新しく起こされることです。なぜなら、祈祷会が盛んになることがキリスト者と教会が霊的に成長していくためにどうしても必要なことだからです。

礼拝には集っている。でも、どこか霊的にマンネリに陥っていると感じている人がいるなら、ぜひ祈祷会に出席するようにしてください。必ず、今の状態よりも一歩成長することができます。なぜなら、祈祷会はそのために開かれるようになったものだからです。

祈祷会の始まりについては諸説あります。ただはっきりしていることは、「より御言葉と触れていたい。より祈りの時を持ちたい。より神さまとの交わりの中に生きていたい」という霊的願いや欲求の中で、教会は主の日の礼拝の他に、週の半ばに祈祷会を持つことになったということです。ここには、代々の聖徒たちの、激しい霊的な闘いからもたらされた知恵と工夫があるのです。

祈祷会に出なくても、家で祈っているから十分だと考えている方もおられるかもしれません。「密室の祈り」を持つことは、本当に大切なことです（マタイ6・6）。しかし、祈祷会には個人の「密室の祈り」とは別の大切な意味があり、効用があります（同18・19〜20）。そして、祈祷会に連なることによって、私たちの密室の祈りのあり方もより豊かに変えられていくでしょう。

祈りを学ぶ

では、その祈りを私たちはどこで学ぶのでしょうか。第一に、聖書からです。詩編や主の祈りや使徒たちの祈りなど、聖書には私たちの祈りを導く祈りがたくさんあります。そこから示されることは、何よりも私たちは誰に向かって祈るのかということです。イエスさまを知る前に初詣でで願っていたような、自分の祈りがかなえられるのであれば祈る対象は誰でもよい、そんな祈りはできません。そして、何を祈るのか、祈るとはどういうことなのかということを教えられます。私たちの祈りは、商売繁盛・家内安全の祈りを超えていくのです。

第二に、私たちは教会の伝統から祈りを学びます。主の日の礼拝を中心とした教会のさまざまな場面で、私たちは祈りに触れます。そこで、長い教会の歴史の中で保持され、凝集された祈りの言葉に出会います。また、本などから代々の聖徒たちが残した祈りの言葉に学ぶこともできます。

第三に、信仰の先輩・友から学びます。祈りはその人の信仰と結びついており、その言葉も極めて個性的なものです。しかし、そこに現れているのは普遍的な祈り心とでもいうべきものです。それに実際に触れて、私たちは実地訓練を受け、自分の祈りの言葉を持つ者とされていくのでしょう。私たちは祈ることを学ばなければならないのです。祈ることを知っていると勘違いしてはなりません。祈りを学ぶ場として、祈祷会の果たす役割はとても大きいのです。

祈祷会での祈り

では、祈祷会では何を祈るのでしょうか。もちろん、自由に祈ったらよいのです。しかし、祈祷会では、おおよそ以下の三つの祈りがささげられるということを心得ておくとよいと思います。

①御言葉に応える祈り

多くの祈祷会では聖書の学びがあり、そのあとに祈りがささげられる形を取っています。どうして祈る前に聖書を学ぶのでしょうか。それは、私たちの祈りが「神さまとの会話」となるためなのです。しかし、自分が一方的に神さまに語り掛けている、いくら祈っても神さまからの答えが聞こえないと感じている人はいないでしょうか。

「神さまとの会話」というとき、私たちはまず神さまの言葉を聞かなければならないのです。けれど、それをしないで祈る。しかも、自分のお願いばかりを祈る。それでは神さまとの会話にはなりません。まず聖書に聞くのです。そして、聖書をとおして神さまが私に語り掛けられたことに対して祈って応える。そうすれば、私たちの祈りは確実に「神さまとの会話」としての祈りとなります。祈祷会においては、まず御言葉に対する応答としての祈りがささげられなければならないのでしょう。それを繰り返していく中で、「聞いて祈る」ということが身についてくるはずです。

②課題への祈り

祈祷会では、「祈祷課題」を示されることがあると思います。「祈祷課題」というのは、教会として祈りを集めていかなければならない具体的な課題です。ここで私たちは、祈りによって同じ課題に向き合うという経験をします。これは、独りで祈っていたのでは味わうことのない経験です。主にあって一つとされているということを味わうのです。同じ課題を祈ることによって、神さまはその課題に対して具体的な出来事をもって応えてくださり、主は生きておられること、祈りを聞いてくださっていることを、味わい知ることになるでしょう。

③とりなしの祈り

祈祷会でもう一つなされなければならない祈りは、とりなしの祈りです。私たちは自分のためにだけ祈るのではありません。世界は私たちの祈りを必要としています。私たちは教会の建っているその町の全ての人たちを代表し、その人たちに代わって祈るのです。

この祈りの範囲は広く、教会の兄弟姉妹から始まり、教会員の家族・求道者、また地区・教区の諸教会、教会の付属施設、世界の平和、為政者のため、困窮の中にある人々のために等々、限りがありません。私たちの神さまが世界の主であられ、私たちの祈りはイエスさまの十字架というとりなしの御業によって与えられたものであり、イエスさまの十字架と結ばれているからです。祈りが私たちの中から自然に生まれてくるものであるなら、このような広がりは決して持たないでしょう。

祈祷会の工夫

祈祷会の効用は、何といっても主との交わりがより明確に、生き生きとなるということです。それによって、密室の祈りも豊かになり、さらには奉仕の業にも積極的になっていきます。良いことずくめのようですが、実際そのとおりなのです。

それなのに、どうして出席者が少ないのでしょうか。一つには時間を確保できないということがあるかと思います。そうであるならば、教会は昼も夜も祈祷会を開いたらよいでしょう。信徒の方も、自分の所属する教会の祈祷会に出席することが難しいなら、教会の課題を共有するのは大切なことですが、それを踏まえた上で、勤め帰りに他教会の祈祷会に出席してもよいと思います。礼拝を守るように、祈祷会を守るための工夫をそれぞれがするのです。

あるいは、人前で祈るのが苦手だという人もいるかもしれません。それならば、祈りのときの順番を飛ばせばよいのです。全員が一人ずつ順番に祈る必要はありません。その人は「アーメン」と唱和することで祈りを合わせているのですから、それで十分です。

祈祷会において、信徒の証しというものを取り入れるあり方もあるでしょう。証しは御言葉と結びついており、生きた御言葉の説き明かしとなるはずのものだからです。無牧師・兼牧の教会においては、礼拝を守るのが精一杯という思いを持たれているかもしれません。しかし、そこでもう一歩前に踏み出し、祈祷会を開いてみる。そこで何かが起きるのではないでしょうか。いいえ、必ず起きます。

祈祷会に出席される方が多くなると、一人一人順番に祈るという方法では、時間がとても長くなるということになります。そこで、一人は一つか二つのことに集中して祈り、祈祷会として「一つの祈りの花束」をささげるというあり方があります。あるいは、聖書の学びが終わったらいくつかのグループに分かれて祈り、最後にまた一つに集まって祈って終わるというあり方もあるでしょう。また、一人ずつ祈るのではなくて、一斉に祈るというあり方もあります。

教会も信徒もどうしたら祈祷会にもっと出席できるか、それぞれ考え工夫することが必要でしょう。祈祷会は一部の熱心な人が出席すればよい会ではないのですから。それどころか、信徒のうちどれだけの人がここに集うか、ここに私たちの教会の明日が懸かっていると私は思っています。

（二〇一七年一月号。日本基督教団 富山鹿島町教会牧師）

聖霊と祈り　1

聖霊に向けて、聖霊を求めて共に祈ろう

石田《いしだ》　学《まなぶ》

これまで何度も、教会で洗礼志願者のための学びをしてきました。そのたびに、いちばん苦心するのは「聖霊」をどう説明するかです。

聖書の原語で霊は風、息と同じ言葉です。イエスさまも「風は思いのままに吹く」（ヨハネ3・8）と言われました。霊を定義付けたり説明したりすることは難しいのでしょう。聖霊とその働きを信じてはいるが、聖霊に向かって祈る、あるいは聖霊を祈り求めるため

に、何をどのように祈ったらよいかわからないという方も多いのではないでしょうか。

自由に祈ろう

しかし、キリスト教の歴史をとおして、聖霊を求める祈りは受け継がれ、大切に祈られてきました。最も有名な聖霊を求める祈りのひとつは、九世紀のフルダ修道院長であり神学者であったラバヌス・マウルスの「創造主なる聖霊よ、来てください」（ヴェニ・クレアトール・スピリトゥス）という祈り（賛歌）です。音楽好きの方は、グスタフ・マーラーの交響曲第八番（千人の交響曲）の前半にこの祈りが用いられていることをご存じでしょう。以来、聖霊を求める祈りは、聖霊降臨祭はもちろん、いろいろな礼拝や式典で広く歌われてきました。『讃美歌21』にもラバヌス・マウルスの祈りによる賛美歌が二曲（339、340番）収録されています。

マウルスの祈りは聖霊のいろいろな現れや働きを求めるものです。けっこうな長さがあり、聖霊の訪れと臨在、霊的な炎によるきよめ、愛の満たし、慰めと安らぎ、頌栄などが祈られています。

聖霊は風のように自由に吹き、私たちの内に自由に働きかけます。ですから、聖霊を求める祈りも自由に祈ってよいと思います。心沈むときの慰めを聖霊に祈り求め、不安と恐れの中での安らぎを祈り、対立と敵意に苦しむときに平和を願い、信仰の勇気が必要なときに聖霊の励ましを祈ってみてはいかがでしょうか。

「来てください」

聖霊を求める最も広く用いられる祈りの言葉は「創造主なる聖霊よ、来てください」です。天地創造は三位一体の神の働きですから、聖霊も創造主です。特に、秩序と調和、平和と一致の創造は、聖霊と深く関連付けて考えられてきました。

ですから、「創造主なる聖霊よ、来てください」という伝統的な祈りは、現代の私たちにとっても大切な祈りに違いありません。特に現代世界は至るところで分断と対立が深まっています。またコロナ禍で共に集い心を合わせることもままなりません。聖霊による一致を、たとえ物理的には一緒になれなくても、皆で祈り、あるいは歌うことは霊のきずなを強めることになるでしょう。

「創造主なる聖霊よ、来てください」と共に、「聖なる霊よ、来てください」（ヴェニ・サンクテ・スピリトゥス）も伝統的に祈られ歌われてきました。

この二つの祈りは、テゼ共同体*の賛美の中にもあります。これらの短い祈りの後に、「聖霊よ、恐れを取り除いてください」「愛で満たしてください」「慰めをお与えください」「平和をもたらしてください」「神をたたえさせてください」など、自由に言葉を重ねて祈るとよいでしょう。

私の大好きな、聖霊を求める祈りの詩をひとつ紹介します。ナチスの弾圧で殉教の死を遂げたドイツの詩人ヨッヘン・クレッパー（一九〇三～四二）の作品です。聖霊が信仰に翼を与えてくれる、そのような思いを抱かせてくれる祈りの詩です。

「聖霊降臨祭の歌」（抜粋）

来てください、聖なる鳩よ、

オリーブの葉を携えて来る鳩よ。
告げてください。信仰は、
いかなる隔たりをも越えていくことを。
……

聖霊よ、来てとどまってください。
慰め主なる聖霊よ、
救ってください、癒してください、
さもなければ、わたしたちはみなしごなのだから。
主のしるしとしてわたしたちのもとにとどまってください。
主がいつも近くにおられるしるしとして。
……

来てください、聖なる鳩よ、

天から舞い降りる鳩よ、
わたしたちを塵《ちり》から
雲の高みに引き上げてくださる鳩よ。
翼を広げてください、
わたしたちの上に。鷲《わし》の翼さながらに
あなたはわたしたちを連れ戻してくださる、
父なる神の国に。

ヨッヘン・クレッパー『キリエ　宗教詩集』（富田恵美子・ドロテア、富田裕訳、教文館、二〇一一年）より

（二〇二一年五月号。掲載時、日本ナザレン教団 小山教会牧師。
現在、日本ナザレン教団無任所牧師、日本聖書協会理事長、ＮＣＣ教育部理事長）

＊テゼ共同体＝さまざまな教派出身の修道士が共に暮らすフランスにある共同体。短い旋律を何度も繰り返し歌う、特徴的な賛美の歌を多数生み出している。

霊的生活入門　祈りつつ聖霊と共に生きる

太田和功一《おおたわこういち》

私たちは、体と心と魂の側面を持ち、神と人と（人のほかの）被造物との関係の中に生きています。三位一体の神の霊である聖霊は、私たちの生活のすべてに関わってくださっています。ですから、私たちの生活全体は、聖霊によって生かされ、また、聖霊によって生きる霊的生活であると言えるでしょう。

聖霊によって生かされる生活

聖霊は私たちの魂を目覚めさせ、神を求める心を起こさせ、自分の罪に目を開かせ、私たちの心に神の愛を注いでくださいます。そうして聖霊は、私たちがイエス・キリストを自分の救い主と告白するまで一歩一歩導いてくださいます。また、神に愛されている子どもとされ、神を「アッバ」（おとうさん）と遠慮なく呼ぶことができる者とされた自由を私たちに与えてくださいます。

さらに、聖霊は、助け主・弁護者として常に私たちと共にいてくださり、私たちの内に住んでくださいます。そして、弱い私たちを助けてくださり、神のみこころにかなう者となるように、深いうめきをもって私たちのためにとりなしてくださいます。そうして私たちを神の子どもとして成長させ、イエス・キリストに似たものに変えてくださいます。

私たちの信仰の歩みは、その始めからどこまでも聖霊のみわざなくしては成り立ちません。そうは言っても、私たちは聖霊がしてくださること、与えてくださることを全く受け身で、ただ待っていればよいという意味ではありません。

聖霊によって生きる生活

パウロはガラテヤの信徒への手紙の中で、神に受け入れられ、神のみこころに沿った生活を送ろうとするときの二つの誤りを警告しています。一つは、自分の努力で神の律法を守ろうとすること。もう一つは、一方的な恵みによって既に神に受け入れられたのだから、律法を無視してもよいとする生き方です。前者はそもそも人間の力では不可能であり、後者は人間の自己中心の欲のままに生きる放縦に陥ります。

そこでパウロは、第三の道、聖霊によって生きる道を5章16節から25節で勧めています。16節で「霊の導きに従って歩みなさい」、18節でも「霊に導かれているなら」と言い、25節では「霊の導きに従って……前進しましょう」（直訳すると「霊と歩調を合わせて進もう」）と言います。聖霊の導きを聞き分け、促しを感じ取り、自らの意思をもって従うように勧めているのです。

そのとき、聖霊は私たちの内に静かに働いて、愛、喜び、平和、寛容、親切、善意、誠実、柔和、節制の実をゆっくり実らせてくださいます（22〜23節）。しかし、聖霊に従うことを選ばず、生まれながらの欲や思いのままに生きるところには、放縦、混乱、分裂、敵意、争いがあると警告しています。

聖霊によって生きるための修練

では、どうしたら日々、聖霊の導きに従って、聖霊と歩調を合わせて生きることができるでしょうか。パウロはそのためにいくつかの一般的な勧めをしています。聖霊を無視したり、聖霊の助言や促しを拒絶しないように（エフェソ4・30、Ｉテサロニケ5・19）、また聖霊の影響や導きのもとに生きることを積極的に求めるように（エフェソ5・18〜19）と。これらの勧めを日々の生活の中で実践していくために、私たちは自分に合った霊的修練（エクササイズ）を見いだし、自分なりのやり方で日々取り組むことができます。以下は私も取り組んでいるものですが、具体的な例として紹介します。

○日々の振り返りのために

Ｉ　一日の終わりに、神の御前で静まり、自分にとって大切なことを思い出し、思いめぐらせるよう聖霊の助けを祈ります。その上で、その日の出来事や経験したことを振り返り、神に感謝できること、感謝したいことを見つけます。その日に与えられた恵みの賜物、意味深い出会いや会話、人にしてもらったこと、人にしてあげられたこと、心に残る景色や心温まる光景などの小さなことにも目を向けて神に感謝します。

Ⅱ　続けて一日の中で、感情を伴って心が動いた出来事や経験に目をとめます。その感情が否定的なものであっても、肯定的なものであっても、それらの感情が自分にとって持っている意味を考えます。「その感情はどうして出てきたのか、何に対する反応なのだろうか、それに自分の何が現れているのだろうか、その感情の結果として自分の言動はどうであったか」などです。

さらにその日の中で特に大きな感情の動きに注目し、先の問いを詳しく思いめぐらします。その上で、気づいたことや心に湧いてくる思いを、感謝でも、悔い改めでも、とりなしでも、そのまま祈ります。

Ⅲ　最後に、今日の振り返りに基づいて明日のために祈ります。同じような過ちを繰り返さないように聖霊の導きを求めます。また、聖霊の語りかけを聞き取り、促しを感じ取って従えるように祈ります。明日への期待や不安や恐れがあれば、そのためにも祈ります。

——この基になっているのは、十六世紀のカトリック司祭イグナチオ・デ・ロヨラにさかのぼる「意識の究明」と呼ばれる祈りの方法です。それを自分なりに少しずつ変えて今の祈り方に至っています。時間としては一五分から二〇分ですが、一年、二年と続けるうちに、自分がどのようなときに、どのようなところで聖霊の助けを必要とするかが見えてきます。

○聖霊を身近に感じるために

もう一つは、以下のことを自分に確認するエクササイズです。

①聖霊は、いつも私と共に、私の内にいてくださる人格的なお方であることを忘れない。
②聖霊の影響や導きのもとに生活できるよう、積極的に願う。
③聖霊を悲しませたり、消したりしないよう気をつける。
④聖書や被造物、また、さまざまな出来事を通して語りかけ促される、聖霊の導きに対しての感受性を求める。

⑤聖霊の導きや照らしを求めて聖霊と何でも相談する。

私は、これらの①から⑤を短い言葉にまとめて、一日に何度か口ずさんで唱えます。この他、聖霊に対する呼びかけや祈りの賛美を味わうことも助けになります。『讃美歌21』の339番から350番まで、また、カトリック教会の『典礼聖歌』352番の「聖霊の続唱」（本書109ページ参照）はそのまま聖霊への深い祈りになります。

共同体の中で、聖書に基づいて

これまでは、私たちの個人としての霊的生活を見てきましたが、信仰の共同体としての生活にも聖霊は深く関わります。

パウロはコリントの信徒への手紙一12章と14章で、教会に与えられる聖霊の賜物の多様性とその目的、特に求めるべき賜物、礼拝で賜物を用いる際の秩序などについて詳しく述べています。その中で彼が強調しているのは、聖霊のすべての賜物は、互いにいたわり合い、教会を造り上げるために与えられているということです。

また13章で、すべての賜物が本来の目的のとおりに活かされるためには、聖霊の実である愛が不可欠であると説いています。ここからも共同体の一人ひとりが聖霊によって生きることこそ、共同体の土台であることがわかります。

また、パウロはフィリピの信徒への手紙2章1節から11節における教会の一致を保つようにとの勧めの中で、キリストによる励まし、愛の慰め、慈しみと憐れみとともに「聖霊の交わり」の必要について言及しています。これは、聖霊との交わり、あるいは聖霊に共にあずかる交わり、または聖霊によって与えられる交わりとも取れますが、いずれにせよ、一人ひとりが聖霊によって生きることが一致の土台です。

聖霊の導きや促しと、聖書の関係も大切な点です。聖霊は被造物やさまざまな出来事を通しても語られますが、その中心は、聖霊ご自身の導きのもとに書かれた聖書を通して語られるみ言葉です。聖書の光のもとに、すべてのことを吟味して、ほんとうによいものを見分けて、それを守ることが求められています（Ⅰテサロニケ5・21）。

（二〇二一年五月号。掲載時、クリスチャン・ライフ成長研究会総主事。現在、クリスチャン・ライフ成長研究会シニア・アドバイザー）

聖霊の続唱

聖霊来てください。あなたの光の輝きで、わたしたちを照らしてください。

貧しい人の父、心の光、証しの力を注ぐ方。

やさしい心の友、さわやかな憩い、ゆるぐことのないよりどころ。

苦しむ時の励まし、暑さの安らい、憂いの時の慰め。

恵み溢れる光、信じる者の心を満たす光よ。

あなたの助けがなければ、すべてははかなく消えてゆき、だれも清く生きてはゆけない。

汚れたものを清め、すさみをうるおし、受けた痛手をいやす方。

固い心を和らげ、冷たさを温め、乱れた心を正す方。

あなたのことばを信じてより頼む者に、尊い力を授ける方。

あなたはわたしの支え。

恵みの力で、救いの道を歩み続け、
終わりなく喜ぶことができますように。

アーメン。アレルヤ。


（カトリック中央協議会）

聖霊と祈り　3

霊的交わりを求めて

中村《なかむら》佐知《さち》

私は長い間、「祈りは苦手」だと思っていました。うまく言葉が出ないので人前で祈るのは恥ずかしいし、一人で祈るときも、祈りながら意識がそれてしまったり、祈祷課題を羅列するだけになったりして、なかなか「有意義な」祈りの時間を持てなかったのです。

当時の私は、祈りとはもっぱら感謝や賛美、罪の告白や願い事などを、言葉で表現して神さまに差し出すことだと思っていました。なかでも、自分や他の人のために「～してください」「～となりますように」と神さまにお願いすることが、祈りの大半でした。

そのような祈りは決して間違いではなかったと思います。実際、必要について祈るとは、祈りの基本でしょう。ただ、そこでの私たちの関心は、「どのように祈れば、祈り（願い）は聞かれるのか」ということに向かいがちです。望む結果を得ることが祈りのゴールになってしまうのです。

さらに、望ましくないことが起こると、自分の祈りが足りなかったのかと自分を責めてしまうかもしれません。祈りを聞いてくれなかった神さまを恨むかもしれません。しまいには、祈ることが負担になってしまうかもしれません。

しかし、十数年ほど前から、私の祈りの生活に大きな変化が現れました。神さまの前で言葉を紡ぐことだけが祈りではなく、静かに主の前に座り、主に思いを向けることも祈りであると学んだのです。

それは「観想的な祈り」とも呼ばれるものでした。「観想」とは「観て想う」と書きますが、静まりのうちに神さまを仰ぎ見て、神さまに思いを馳せるのです。自分が握りしめていたものを神さまに向かって手放し、代わりに神さまが与えてくださる平安や希望、慰めや励ましを受け取り、主の臨在の中で安らぐのです。

そのころの私は大きな問題を抱えており、どう祈ったらいいのかもわからなかったのですが、ただ神さまの前に座って涙することも、神さまは祈りとして受け取ってくださるのだと知った時、肩の荷が下りたように感じました。

主が求めるのは魂

神さまは、私たちの祈りの文言よりも、私たちの心にあるものをご覧になるのではないでしょうか。祈りたいという願いを持つことが祈りの始まりです。神さまに思いを向けることがすでに祈りなのです。さまざまな祈りの方法は、その思いに形を与えてくれる器のようなもの。そして神さまが関心を持っておられるのは、器ではなくその中身、つまり主を求め、主に向かって手を伸ばそうとしている私たちの魂なのです。

リチャード・ハウザーというカトリックの司祭は、次のように言いました。

「あらゆる祈りが目指すものは、神との霊的交わりです。聖霊のみがこの交わりをもたらすので、私たちのなすべきことは、聖霊が働かれるための条件を整えることだけです。

交わりは与えられるものだからです。私はかつて、特定の祈りの方法をうまく用いれば、よい結果が得られるのだと間違って信じていました。祈り方に優劣などありません。試行錯誤を繰り返しつつ、私たちはおのおの何が自分を神との最も深い交わりに導くのかを見いだすのです」

二〇二二年度、雑誌『信徒の友』に連載した「主に思いを向ける——祈りのエクササイズ　レッツトライ！」では、12の祈り方を提案しました。呼吸をしながら祈ったり、塗り絵をすることで祈ったりと、これまで聞いたことのなかった祈り方に、読者の皆様は驚かれたかもしれません。

しかし驚きや、時には抵抗感を覚えるときでさえも、より自由でより親密な祈りへと私たちを導く神さまの招きが、そこにあるかもしれないのです。ご紹介した一つひとつの祈りが、皆様にとっての試行錯誤のお役に立てばと思います。

（二〇二三年六月号。翻訳家・霊的同伴者、米国聖公会信徒）

＊以下に連載「主に思いを向ける」より、いくつかの祈りを掲載します

1　呼吸の祈り

自分の呼吸に合わせて、短いフレーズを繰り返し祈るシンプルな祈り。いつでもどこでも、何かをしながらでも祈ることのできる、単純な、それでいて力強い祈りです。私は、夜なかなか寝付けないときや、不安や恐れに襲われたとき、また単調な手作業をしているときによくこの祈りをします。パウロが「絶えず祈りなさい」（Ｉテサロニケ５・17）と言ったとき、彼が想定していたのは、このような祈りだったかもしれません。

○祈り方

「呼吸の祈り」は、短い二つのフレーズの組み合わせからなります。鼻から息をゆっくり吸い込みつつ、心の中で最初のフレーズを唱え、ゆっくり吐き出しながら二つめのフレーズを唱えます。それを深呼吸しながら何度も繰り返します。

祈るフレーズに決まりはありません。あなたの心のいちばん深い願いを、呼吸に合わせて主に差し出しましょう。

例えば、

「(息を吸い込みながら) 主よ……、(吐きながら) 憐れんでください……」

「主よ……、助けてください……」

主の御名 (ヘブライ語でヤーウェ) を繰り返してもいいでしょう。「ヤー……、ウェ……」

短い御言葉を選んでもいいでしょう。「主は私の羊飼い……、私は乏しいことがない……」

○ポイント
息を吸い込むときは、神の愛、恵み、憐れみなど、あなたを生かす神のいのちをたっぷり吸い込むつもりで。吐き出すときは、不安や恐れやいらだちなど、自分を神から引き離すものを吐き出すつもりで。主の御腕に抱かれている自分を想像しながら、やってみてください。

2　歓迎の祈り

日々の生活の中で、恐れや悲しみ、怒りや絶望など、否定的な強い感情に襲われることがあるものです。そのようなとき、「恐れないぞ、悲しまないぞ」と抵抗しようとすると、逆にその感情が高ぶり、いよいよその感情から抜け出せなくなるかもしれません。歓迎の祈りは、そうした強い感情をまず認め、受け止め、歓迎します。その感情の中に神を迎えて、その感情を明け渡し、神との関係を深めることを求めます。

○祈り方

①じっくり感じる　強い否定的な感情は、しばしば身体的な反応を伴います。胸がムカムカしているでしょうか。動悸があるでしょうか。まずはその身体的感覚と、その原因となっている感情を、ただ客観的に観察し、それがそこにあることを認めます。どんなに強い感情も、あなた全体ではなく、あくまでも、あなたの一部でしかないのです。

②歓迎する　感情や体の感覚に抵抗するのでなく、むしろ客人であるかのように「歓

迎」します。口に出して「ようこそ、恐れ（怒り、不安、悲しみ……）」と優しく言ってみるといいでしょう。拒絶したいと思っていた感情を、ひとつずつ食卓に招くイメージです。ただし、歓迎するのは感情や感覚であって、それを引き起こしている原因や問題ではありません。

③手放す　それらの感情は、しばしば自分の奥底の願いや求めに関係しています。例えば、愛されたいという願いが強いほどに、隣人への求めが大きくなり、その求めが満たされないと怒りに襲われます。でもその求めを満たしてくださるのは、究極的には主なる神だけです。

そこで、神の前に自分を悩ます否定的な感情を差し出し、このように祈ります。「私の中にある、期待どおりに物事が動いてほしいという願い、他者から認められ、愛されたい、安全でありたい、安全であるとの保証がほしいという願いを手放します。今このときをそのままで受け止め、今ここにおられる神さまの働きに信頼します」。

3　塗り絵をしながら

近年、アートセラピーの一種として、大人向けの塗り絵が注目されています。集中して色を塗ることで呼吸が自然と規則的になり、自律神経を整え、ストレス解消や心身をリラックスさせる効果があるそうです。実際、単調な手作業に没頭しているとき、自分の心を占めるさまざまな思いから解放されていることに気づいたりしませんか？　大人の塗り絵は、黙想の方法として神さまに思いを向けることにも役立ちます。

○祈り方

①塗り絵と色鉛筆を用意する　塗り絵は、子ども用のものではなく、大人向けとして販売されているものが望ましいです。書店や百円ショップでも売られていますし、日本聖書協会などから聖書を題材にしたものも刊行されています。色鉛筆は、なるべく色数が多いものがよいでしょう。

②その時間を主に捧げる　始める前に一言、「この塗り絵の時間を、あなたへの祈りの

時としてお捧げします」と祈り、主が共におられることを意識してみてください。とりなしたいと思う人を心に抱きつつ塗り絵をすれば、集中してとりなしの祈りができるでしょう。みことばに思いをめぐらしながら塗れば、神さまとのよい対話の時間となるでしょう。

③神の語りかけに耳を澄ます　塗り絵のような特に意味のない行為をあえて黙々と行うことで、自分の中の「機能的・効率的・生産的でありたい」という潜在的な願望を脇に置くことができます。黙々と手を動かすうちに、日々の忙しさやペースの早い生活の中では見過ごされていた、自分の心の景色が見えてくるかもしれません。そこに語りかけてくださる、神さまの御声が聞こえてきませんか。

塗り方に決まりはありません。神さまが与えてくださった創造力を用いて、自由にやってみてください。

4　一日を振り返る祈り

「意識の究明」と呼ばれる伝統的な祈りの方法です。神はいつも私たちと共におられ、恵みを注ぎ、絶えず私たちの生活の中で働いていますが、私たちはそのことをどれだけ意識して毎日を過ごしているでしょうか。この祈りでは、一日を振り返り、それぞれの場面で共におられた神とその導きや助けや憐れみ、そしてそれに対する自分の応答に思いを巡らせ、主の愛をより強く意識しながら日々を歩んでいけるよう求めます。

○祈り方

①**感謝する**　就寝前など、一日の終わりに一〇分ほど時間をとる。何度か深呼吸して、心を鎮め整える。今ここに神が共にいてくださることを意識し、この日が、いのちが、救いが、すべて神からの贈り物であることを感謝する。

②**聖霊の光を願う**　自分を一日見守ってくださった神を思い、神の眼差しでその一日を振り返ることができるように、また神が今私に見せたいと望んでおられることを心に思い

起こさせてくださるように、聖霊に願う。

③一日を振り返る　各場面での私の言動はどのようなものだったか。その背後にある私の意図や動機、感情は何だったか。そのとき神は私をどう導き、私に何を語ろうとしていたか。それに対する私の反応、応答、態度はどうだったか。私は神に向かおうとしていたか、神から離れようとしていたか……。一日の出来事を網羅する必要はなく、特に心に浮かぶ場面を重点的に思い巡らす。

④感謝、告白、赦しの求め　神の導き、恵みに応えられたならば、それを感謝する。罪や過ち、また神の愛や呼びかけに応えなかったことを示されたなら、それを主の前に告白して赦しを願う。

最後に、明日に必要な恵みと助けを神に願い求める。

5　一年を振り返る祈り

先に「意識の究明」(一日を振り返る祈り)という祈りを紹介しました。これは、聖霊が照らしてくださる光のもとで一日を振り返る祈りでしたが、一年の振り返りにも応用することができます。一年をまんべんなく振り返るというよりも、聖霊が私たちに見せたいと思われるものを、神さまの目線から見せていただくよう求めます。一五分から三〇分ほどかけて主の恵みの中で振り返り、その中で与えられる気づきを受け取ってください。

○祈り方

①感謝する　一年を振り返ったとき、どんなことに感謝を覚えるでしょうか。人生の節目となるような大きな出来事かもしれないし、日常生活の中で体験した愛や助けかもしれません。何かを達成したこと、あるいは特に問題もなくつつがなく暮らせたことかもしれません。思い浮かんだことについて主に感謝します。

②感情に注意を払う　再び一年を振り返り、今度はそのときに湧き上がる自分の感情に

注意を払います。喜び、悲しみ、怒り、失望など、感情的に特に強く反応する出来事を一つか二つ選んで、そこに祈りの焦点を合わせます。その感情を手がかりにして思いを巡らせ、主が慈しみをもって語ってくださる声に耳を傾けます。自分自身について、その状況について、そこに関わる人について、あるいは神ご自身について、聖霊は何を示してくださるでしょうか。

③応答する　聖霊が示してくださったことについて、祈りのうちに自由に応えます。例えば、示されたことについての自分の気持ちや反応、決意など。

④翌年に思いを向ける　最後に、翌年に思いを向けます。そのときどんなことが心に浮かぶでしょうか。どういう姿勢で新年に臨みたいでしょうか。不安も期待も主のもとに差し出し、来る年も主の臨在が共にあり、守り導いてくださることに信頼し、新年を迎える上で自分が必要としているものを主に祈り求めます。

6　神に聴くとりなしの祈り……………………

とりなしの祈りというと、誰かのために「～となりますように」と祈る場合が多いと思います。しかし時には、どう祈ったらよいのかわからないこともあるでしょう。幸いなことに、聖書は聖霊ご自身が神のみこころにしたがってとりなしてくださると言います。この祈りでは、とりなし手がとりなす相手に代わって神に心を開き、その人のための神の願いに耳を傾けます。団体や地域や国のためにも同じようにしてとりなすことができます。

○祈り方

①自分の心と向き合う　家族など親しい人のために祈るときには、特にその人に対する自分の願いが邪魔になって、神がその人のために願っていることを聞けなくなることがあります。すると、とりなしの祈りがその人に対する自分の願望の羅列になったり、自分の恐れや不安から逃れるためのものになってしまうおそれがあります。そこで、その人のために祈るにあたり、まず自分の中で障害になっているものを認め、それを神に明け渡しま

す。

②聖句を読む　ローマの信徒への手紙8章26～27節を読み、私たちのためにとりなしておられる聖霊に心を開きます。

③臨在の中へと進む　心を静め、神の臨在の中に入っていきます。どのようなイメージが湧くでしょうか。自然の中でキリストと共にいる自分。十字架をかついで歩くイエスを見守るマリアの姿。子どもたちを引き寄せ、守ってくださる御父。あるいは特にイメージはなく、ただ神の愛を感じるかもしれません。

④神の願いを聴く　祈りのうちに、とりなしている相手をその場に招き入れましょう。その人が神の臨在の中にいることを想像し、その人に対する神の願いが何であるかを神に尋ねます。神の願いが示されるかどうかはわかりませんが、神の願いがその人のために成就されるよう祈ります。

（二〇二二年四、六、八、九、一二、二〇二三年三月号）

信仰生活ガイド

祈りのレッスン

2024年5月20日　初版発行

編者　柳下明子

発行　日本キリスト教団出版局

169-0051　東京都新宿区西早稲田2丁目3の18
電話・営業 03（3204）0422、編集 03（3204）0424
https://bp-uccj.jp

印刷・製本　開成印刷

ISBN 978–4–8184–1164–7　C0016　日キ販

Printed in Japan